V&R

Janine Neuhaus

Training deeskalierenden Verhaltens in Konfliktsituationen

Ein primärpräventives Programm für Schulklassen ab Klasse 5

Unter Mitarbeit von Dieter Kleiber und Bettina Hannover
Mit einem Vorwort der Berliner Polizeipräsidentin Barbara Slowik

Mit 5 Abbildungen und 7 Tabellen

Vandenhoeck & Ruprecht

Bibliografische Information der Deutschen Nationalbibliothek:
Die Deutsche Nationalbibliothek verzeichnet diese Publikation in der
Deutschen Nationalbibliografie; detaillierte bibliografische Daten sind
im Internet über http://dnb.de abrufbar.

Umschlagabbildung: Lopolo/shutterstock.com

Satz und Layout: SchwabScantechnik, Göttingen
Druck und Bindung: ⊕ Hubert & Co. BuchPartner, Göttingen
Printed in the EU

Vandenhoeck & Ruprecht Verlage | www.vandenhoeck-ruprecht-verlage.com

ISBN 978-3-525-45259-2

Inhalt

Vorwort

Sehr geehrte Leserinnen und Leser,
sehr geehrte Anwenderinnen und Anwender,

stolz kann die Polizei Berlin mit der hier vorliegenden Programmentwicklung für das Training deeskalierenden Verhaltens in Konfliktsituationen auf ein polizeiliches Gewaltpräventionskonzept verweisen, das auf Basis eines wissenschaftlichen Wirkmodells beruht.

Seit 1992 bieten wir für Berliner Schülerinnen und Schüler im Rahmen ihres Unterrichts Anti-Gewalt-Veranstaltungen – kurz AGVen – an. Durchgeführt werden diese Veranstaltungen von den Präventionsbeauftragten der örtlichen Polizeiabschnitte.

Diese Kolleginnen und Kollegen zeigen den Schülerinnen und Schülern in den Veranstaltungen deeskalierende Handlungsoptionen bei Gewaltkonflikten auf; wesentlicher didaktischer Baustein sind hierbei Rollenspiele.

Die AGVen wurden und werden von Berliner Schulen rege nachgefragt, sodass wir beachtliche Ressourcen einsetzen, diesen Bedarf zu decken. Sie sind ein wichtiger Baustein für junge Menschen, um Handlungskompetenz zur Vermeidung von Gewaltsituationen zu erlernen und Schwellenängste im Kontakt mit der Polizei abzubauen. Gleichermaßen erfahren sie, dass polizeiliches Handeln auf Grundlage von Recht und Gesetz geschieht. Aber auch meine Kolleginnen und Kollegen können so die Lebenswelten junger Menschen im intensiven Kontakt mit ihnen erfahren und nachvollziehen. Ich bin fest überzeugt: Diese Begegnungen führen zu einem vertrauensfördernden Miteinander von Schülerinnen und Schülern – und Polizei.

Aufgrund dieses hohen Stellenwertes der AGVen war es der Polizeibehörde ein besonderes Anliegen, ihre Wirksamkeit wissenschaftlich beurteilen zu lassen. Daher wurde die Freie Universität Berlin mit der Evaluation im Zeitraum von 2013 bis 2015 beauftragt.

Ein zentrales Ergebnis der Evaluation war, dass die Veranstaltungen zu einem deutlichen Vertrauenszuwachs bei den trainierten Schülerinnen und Schülern gegenüber der Polizei führen. Hieraus ließ sich insgesamt auch eine größere Anzeigebereitschaft ab-

leiten. Dies kann wiederum zur Verhinderung weiterer Gewalttaten führen.

Mit dem Ziel, das Verhalten der Schülerinnen und Schüler nachhaltiger positiv zu beeinflussen, legte uns die FU Berlin nahe, unser bisheriges Konzept wissenschaftlich zu fundieren und die Maßnahme durch stärkere Einbeziehung der Lehrkräfte zu intensivieren. Die Argumente waren überzeugend: Unter wissenschaftlicher Leitung der FU Berlin bildete sich eine Arbeitsgruppe zur Erstellung eines optimierten Konzeptes. Die Neukonzeption erfolgte unter Beteiligung polizeilicher Praktikerinnen und Praktiker sowie einem leitenden Pädagogen der Berliner Bildungsverwaltung – schulisches wie polizeiliches Erfahrungs- und Praxiswissen flossen mit wissenschaftlicher Expertise zusammen. Im Ergebnis gelang es der Arbeitsgruppe, ein Trainingsmanual für Schulklassen zu entwerfen, das an den Lebenswelten der Schülerinnen und Schüler orientiert ausgerichtet und für ihr Alltagshandeln von hohem Nutzen ist.

Mich freut es, dass mit seiner Veröffentlichung das Trainingsmanual nunmehr eine breite Anwendung für Schulklassen erfahren wird. Ich bin davon überzeugt, dass es einen Beitrag zu einem gewaltärmeren Konfliktverhalten junger Menschen leisten wird.

Ganz herzlich bedanke ich mich bei Frau Prof. Dr. Bettina Hannover, Herrn Prof. Dr. Dieter Kleiber und Frau Prof. Dr. Janine Neuhaus für die wissenschaftliche Leitung und Begleitung; bei Herrn Helmut Hochschild von der Senatsverwaltung für Bildung, Jugend und Familie für den wichtigen pädagogischen Beitrag und meinen Mitarbeiterinnen und Mitarbeitern Herrn Eckhardt Lazai, Herrn Christian Zorn, Frau Heike Arndt, Herrn Wulf Dornblut und Frau Diana Erler.

Ich wünsche eine spannende, inspirierende Lektüre und viel Erfolg bei der Umsetzung des vorliegenden Trainingsmanuals.

Ihre
Barbara Slowik
Die Polizeipräsidentin in Berlin

1 Theoretische Grundlagen

Das vorliegende Trainingsprogramm entstand in Zusammenarbeit mit Expertinnen und Experten der Prävention von Gewalt im Kindes- und Jugendalter aus Schule, Polizei und Wissenschaft. Herzstück des Programms bildet der im Trainingsmodul 3 beschriebene handlungsorientierte Teil, der im Wesentlichen auf dem von der Polizei Berlin entwickelten Konzept der *Anti-Gewalt-Veranstaltungen (AGVen)* basiert (Lazai, 2001; von Strünck, 2008a, 2008b). Die AGVen wurden bereits einer längsschnittlich angelegten Evaluation unterzogen und in ihrer intendierten Wirkung überwiegend bestätigt (Neuhaus, Kleiber u. Hannover, 2015; siehe auch Kapitel 5). Im Rahmen eines von der Polizei Berlin geförderten Projekts zur Optimierung der AGVen im Jahr 2015 wurde die Maßnahme um Trainingseinheiten zum Umgang mit Emotionen (Trainingsmodul 1), der Rolle von Kognitionen, das heißt Denk- und Wahrnehmungsvorgänge im Zusammenhang mit Konfliktsituationen (Trainingsmodul 2), und einer das Programm abschließenden Trainingseinheit, die der Qualitätssicherung der Maßnahme durch Wiederholung und Vertiefung dient (Trainingsmodul 4), ergänzt. Im Ergebnis entstand das vorliegende – aus insgesamt vier Modulen bestehende – Training deeskalierenden Verhaltens in Konfliktsituationen.

Im ersten Kapitel dieses Buchs erfolgt eine Darstellung wissenschaftlicher Theorien, welche die Grundlage des Trainingskonzepts bilden. Das zweite Kapitel stellt allgemeine Grundlagen und Ziele des Programms vor. Empfehlungen zur Implementation und weitere für die Durchführung des Programms relevante Rahmenbedingungen stellen den Schwerpunkt des dritten Kapitels dar. Im vierten Kapitel werden die einzelnen Trainingsmodule beschrieben, die jeweils durch spezifische Lernziele eingeführt werden. Das fünfte Kapitel präsentiert zentrale Ergebnisse der Wirkungs- und Umsetzungsevaluation des Programms bzw. einzelner Bestandteile sowie Maßnahmen der Qualitätssicherung.

Nachfolgend werden zunächst theoretische Hintergründe erörtert, die geeignet sind, die Entstehung aggressiven Verhaltens in Reaktion auf Provokationen oder Bedrohung zu erklären. Hierzu zählen Theorien und Konzepte mit Fokus auf aggressives Verhalten in Reaktion auf Provokationen oder Bedrohung (Abschnitt 1.1), das Erkennen von und der Umgang mit Emotionen (Abschnitt 1.2), die Wahrnehmung und Interpretation von sozial herausfordernden Situationen (Abschnitt 1.3), Selbstsicherheit im Umgang mit Gleichaltrigen (Abschnitt 1.4) sowie allgemeine Bedingungen, die den Erfolg schulischer Gewaltprävention gewährleisten (Abschnitt 1.5).

1.1 Aggression in Reaktion auf Provokationen oder Bedrohung

Die Ursachen aggressiven und gewalttätigen Verhaltens sind vielfältig und in ihrer wechselseitigen Beeinflussung sehr komplex. Aus diesem Grund wird in diesem Zusammenhang auch von einer multifaktoriellen Verursachung von aggressivem Verhalten gesprochen. Kinder und Jugendliche werden nicht von einem zum anderen Tag aggressiv. Umgekehrt ist es nicht so, dass ein junger Mensch, der sich in einer bestimmten Situation aggressiv oder gewalttätig verhält, zwangsläufig eine ausgeprägte soziale Fehlentwicklung hinter sich hat.

Eine Reihe von Faktoren spielt eine Rolle dabei, ob Kinder und Jugendliche sich in sozialen Situationen aggressiv und gewalttätig verhalten. Hierzu zählen biologische Faktoren (wie z. B. Temperament, hormonelle Konstitution), die soziale Umwelt und soziale Modelle, insbesondere das Erziehungsverhalten der Eltern, eigene Gewalterfahrungen in der Kindheit oder die häufige Rezeption von gewalthaltigen Medien, eine Reihe von Persönlichkeitsfaktoren, wie beispielsweise der Umgang mit Konflikten oder mangelnde Fähigkeiten der Wutkontrolle, Benachteiligungsbefürchtungen und soziale Ablehnung, und schließlich auch Merkmale der aggressionsauslösenden Situation, wie beispielsweise die Anwesenheit Gleichaltriger (u. a. Scheithauer u. Petermann, 2004; Scheithauer, Rosenbach u. Niebank, 2008).

Das vorliegende Programm dient der Vorbeugung aggressiven oder gewalttätigen Verhaltens in Reaktion auf Provokationen oder Bedrohungen. Das heißt – anders als in einer Vielzahl von Anti-Gewalt-Programmen – soll hier die Auftretenswahrscheinlichkeit reaktiver Aggression (und nicht proaktiver Aggression) reduziert werden.

Mit *reaktiver Aggression* ist ein feindseliges Verhalten gemeint, welches in Reaktion auf eine wahrgenommene Bedrohung oder Provokation entsteht und das in der Regel mit starken Gefühlen der Wut und des Ärgers einhergeht. Aus diesem Grund wird reaktive Aggression auch als »hot tempered aggression«, also »heiße« Aggression, bezeichnet (Vitiello u. Stoff, 1997). Reaktiv-aggressives Verhalten unterscheidet sich deutlich von der sogenannten *proaktiven Aggression,* die entsprechend als »cold tempered« bzw. »kalte« Aggression gilt. In Abgrenzung zur reaktiven Aggression wird proaktiv-aggressives Verhalten nicht durch einen bestimmten Auslöser hervorgerufen. Stattdessen dient in diesem Fall das aggressive Verhalten vordergründig der Erreichung eines bestimmten Ziels bzw. der Befriedigung eigener Bedürfnisse (z. B. etwas haben oder durchsetzen wollen; u. a. Berkowitz, 1993; Dodge u. Coie, 1987; Hubbard, Dodge, Cillessen, Coie u. Schwartz, 2001).

Das Konzept der reaktiven Aggression basiert im Wesentlichen auf der *Frustrations-Aggressions-Hypothese* (Berkowitz, 1989, 1993; Dollard, Doob, Miller, Mowrer u. Sears, 1939) und bezeichnet eine defensive Vergeltungsreaktion aufgrund einer wahrgenommenen Bedrohung, Provokation oder Frustration, die von Ärgergefühlen begleitet wird (Crick u. Dodge, 1996; Dodge u. Somberg, 1987; Petermann u. Petermann, 2015). Das Vorliegen eines Frustrations- oder Kränkungserlebens muss nicht mit einer tatsächlich intendierten Provokation einhergehen, vielmehr erhöht die bloße Zuschreibung einer feindseligen Absicht des Interaktionspartners bzw. der Interaktionspartnerin, die entsprechend auch unberechtigt sein kann, die Wahrscheinlichkeit einer aggressiven Reaktion (Dodge u. Frame, 1982).

Stärker als Kinder und Jugendliche, die sich (überwiegend) proaktiv-aggressiv verhalten, zeigen diejenigen, die sich (auch oder ausschließlich) reaktiv-aggressiv verhalten, eine Reihe psychosozialer Fehlanpassungen, die einen ungünstigen Entwicklungsverlauf verstärken: Die Betroffenen weisen häufig ein internalisierendes Problemverhalten auf (u. a. Depression), zeigen Probleme mit der Emotionskontrolle und Aufmerksamkeitslenkung, sind häufiger delinquent, werden von Gleichaltrigen abgelehnt und geraten zunehmend in soziale Isolation (Card u. Little, 2006).

Situationen, in denen sich Menschen (unabhängig von ihrem Alter) herausgefordert fühlen, prägen den Alltag: Sie erleben Zurückweisungen, fühlen sich angegriffen, beleidigt oder durch das Verhalten eines anderen enttäuscht. Die Wut (oder der Ärger, als leichtere Form von Wut), die sich in diesen Momenten bemerkbar macht, verleitet dazu, dem ersten Impuls zu folgen: Eine Beleidigung zu erwidern, dem Menschen Vorwürfe zu machen, kurz gesagt: Die Wut oder den Ärger über die andere Person herauszulassen. Konflikte eskalieren dadurch, denn die Emotionen brechen durch und es folgen Worte und Taten, die später häufig von den Akteuren bereut werden, weil sie – im Extremfall – zu einer Beendigung oder Beeinträchtigung der Beziehung zu diesem Menschen geführt haben.

Diese Zusammenhänge gelten unabhängig vom Alter der beteiligten Personen. Der Unterschied zwischen Kindern und Jugendlichen auf der einen Seite und Erwachsenen auf der anderen Seite besteht lediglich darin, dass sehr junge Menschen in ihrer Identität, das heißt in dem Bild, das sie davon haben, wer oder wie sie selbst sind, noch wenig gefestigt sind. Sie sind (noch) mehr auf der Suche und deshalb – in einem höheren Maße als Erwachsene – auf die Anerkennung anderer, beispielsweise der Gruppe der Gleichaltriger, angewiesen. Die Wissenschaftler Wicklund und Gollwitzer (1981) bezeichnen diesen Wunsch nach Bestätigung bei Jugendlichen, deren Identität noch unsicher und instabil ist, auch als *evaluative Abhängigkeit.*

Studien zufolge handeln rund ein Drittel der Kinder und Jugendlichen, die sich häufig aggressiv verhalten, aus Unsicherheit: Diese Kinder und Jugendlichen haben wenig Vertrauen in ihre eigenen Fähigkeiten und fühlen sich deshalb schnell bedroht und angegriffen (Petermann u. Petermann, 1996). Sie versuchen, durch ihre aggressive Reaktion ihr Erleben sozialer Angst zu verringern (Petermann u. Petermann, 2000).

Die *soziale Angst* dieser Kinder und Jugendlichen ist jedoch nicht zwangsläufig gleichzusetzen mit einem niedrigen Selbstwert. Studien zeigen, dass nicht die Höhe des Selbstwerts (hoch oder niedrig) entscheidend bei der Frage ist, ob ein Kind oder Jugendlicher auf eine Provokation oder Bedrohung aggressiv reagiert, sondern dessen Stabilität. Kinder und Jugendliche, deren Selbstwert sehr instabil ist, das heißt, die in manchen Momenten sehr von sich überzeugt sind und in anderen Momenten sehr an sich zweifeln, versuchen, durch ihr aggressives Verhalten in Provokationssituationen ihren Selbstwert zu festigen (Baumeister, Smart u. Boden, 1996; Kernis, Grannemann u. Barclay, 1989).

Jugendliche, denen es besonders wichtig ist, sich durchzusetzen und soziale Situationen zu kontrollieren (Eigenschaften, die eher mit der männlichen Geschlechterrolle verbunden werden), verhalten sich in

Provokationssituationen bevorzugt aggressiv, da sie sich durch dieses Verhalten Anerkennung – und dadurch soziale Aufwertung – versprechen und sich oftmals auch faktisch durchsetzen (Dodge u. Somberg, 1987).

Insbesondere für Jungen ist ein hoher Status innerhalb der Gruppe der Gleichaltrigen von großer Bedeutung (Björkqvist, Lagerspetz u. Kaukiainen, 1992). Verschiedene Studien zeigen, dass der Status anderer Gleichaltriger häufig von Jungen gezielt herausgefordert wird, um sich auf diese Weise mit ihnen zu messen und ihre eigene *Dominanz* in der Gruppe zu sichern bzw. neu zu begründen (Phillips, 2007; Stoudt, 2005). Handlungen, die mit einem hohen Risiko einhergehen und öffentlich wahrgenommen werden, zum Beispiel eine Schlägerei auf dem Schulhof oder auf der Straße, eignen sich für Jungen bzw. junge Männer besonders gut, um die eigene Männlichkeit und Überlegenheit zu demonstrieren (Vandello, Bosson, Cohen, Burnaford u. Weaver, 2008).

Neben dem Geschlecht bzw. den Eigenschaften, die mit der männlichen Geschlechterrolle in Verbindung stehen (wie das Streben nach Dominanz), weisen Studien auch auf einen Einfluss in Abhängigkeit des sozialen Status der Beteiligten in Konfliktsituationen hin. Dabei zeigt sich, dass aggressives Verhalten in Reaktion auf eine Provokation vor allem bei sozial benachteiligten Menschen bzw. Menschen, die sich selbst am unteren Ende der Gesellschaft betrachten, vordergründig dem Zweck dient, den eigenen Selbstwert aufrechtzuerhalten bzw. zu stabilisieren (Henry, 2009).

Aus diesem Grund ist es wichtig, nicht nur die Reduktion aggressiven Verhaltens als Ziel von Prävention zu formulieren, sondern auch – und vor allem – den Aufbau von Kompetenzen, die es Kindern und Jugendlichen ermöglichen, auf Provokationen oder Bedrohungen in sozial angemessener Form zu reagieren, ohne dass der eigene Selbstwert darunter leidet. Hierzu zählen Kompetenzen im Umgang mit Emotionen, die mit reaktiver Aggression verbunden sind (wie Wut und Ärger; u. a. Berkowitz, 1993) ebenso wie kognitive Fähigkeiten in der Wahrnehmung von und im Umgang mit sozial herausfordernden Situationen (Crick u. Dodge, 1994, 1996).

1.2 Das Erkennen von und der Umgang mit Emotionen

Emotionen angemessen wahrzunehmen und selbstregulativ mit ihnen umzugehen sind wichtige Kompetenzen, die junge Menschen erwerben müssen. Die Fähigkeit zu erkennen, ob es einem Menschen gut geht, ob er glücklich oder traurig ist, und darauf angemessen reagieren zu können, also empathiefähig zu sein, ist eine wesentliche Voraussetzung gelingender Kommunikation. Sie bringt Menschen einander näher und dient somit dem Aufbau *positiver sozialer Beziehungen* und *sozial-emotionaler Kompetenzen* (für eine Übersicht siehe Petermann u. Wiedebusch, 2003).

In der Literatur wird zwischen sogenannten *Basisemotionen* und *komplexen Emotionen* unterschieden. Basisemotionen, so konnte vielfach bewiesen werden, sind universell, das heißt Menschen aller Kulturen ähneln sich in ihrem Ausdruck dieser Emotionen. Zu diesen zählen Wut, Freude, Überraschung, Furcht, Ekel und Traurigkeit (Ekman u. Friesen, 1971; Ekman, 1992). Komplexe Emotionen, wie Schuld oder Scham, entstehen in der kindlichen Entwicklung – anders als die Basisemotionen – erst zu einem späteren Zeitpunkt, als Resultat von Erziehung und Sozialisation.

Darwins Evolutionstheorie (1872) zufolge sichern Basisemotionen das Überleben: Weitgeöffnete Augen, wenn wir überrascht sind, dienen der Orientierung; das Rümpfen der Nase signalisiert »das Essen schmeckt nicht, es ist gegebenenfalls nicht mehr genießbar und daher schädlich«. Der Ausdruck von Emotionen hat somit Appellcharakter und warnt uns vor potenziellen Gefahren. Aus diesem Grund entdecken Menschen wütende Gesichter schneller als beispielsweise glückliche Gesichter in einer Menge von Menschen. Dieses als »Face-in-the-crowd-Effekt« (Pinkham, Griffin, Baron, Sasson u. Gur, 2010) bekannte Phänomen unterstreicht, dass Basisemotionen auch in der heutigen Zeit noch unser Erleben und Verhalten beeinflussen und beispielsweise wütende Gesichter als Signal eines möglichen Angriffs wahrgenommen werden.

Das Erkennen und Verstehen sowohl der eigenen Emotionen als auch die der anderen ist eine wichtige Voraussetzung für soziale Interaktion und zum Aufbau verlässlicher Beziehungen. Kinder und Jugendliche, die überdurchschnittlich oft einen Gesichtsausdruck als ärgerlich einschätzen, obwohl das Gegenüber gar nicht ärgerlich ist, haben weniger befriedigende Beziehungen zu Gleichaltrigen und werden von ihren Lehrkräften häufig als feindselig beschrieben (Barth u. Bastiani, 1997). Studien belegen, dass Kinder und Jugendliche, die ihre Gefühle kennen und ausdrücken können, in Auseinandersetzungen besser mit anderen verhandeln oder sich sozial angemessen durchsetzen können (Saarni, 2002). Auch zeigt sich, dass Kinder und Jugendliche, die in der Interpretation des emotionalen Ausdrucksverhaltens geübt sind, im sozialen Austausch erfolgreicher sind, das heißt, sie sind eher in der Lage, ihre eigenen Bedürfnisse zu formulieren, die Bedürfnisse anderer zu erkennen und in Konfliktsituationen Kompromisse einzugehen (Saarni, 2002).

Im Verlauf der Kindheit lernen Menschen typischerweise, ihre Emotionen zu regulieren und zu kontrollieren. Unter *Emotionsregulation* werden Strategien verstanden, die Quantität von Emotionen (d. h. die Intensität) und gegebenenfalls auch ihre Qualität (d. h. die Art der Emotion) absichtsvoll zu verändern (oder beizubehalten). Erhalten wir beispielsweise eine Nachricht von einem Freund, die uns sehr aufregt, dann ist es oft sinnvoll, eine Nacht darüber zu schlafen, bevor wir auf diese Nachricht reagieren. Ein solches Verhalten wird als Strategie verstanden, die eigene Emotion (Ärger) zu regulieren, indem der zeitliche Aufschub dazu führt, dass die mit dem Ärger verbundene physiologische Erregung (u. a. schneller Puls) reduziert wird und wir am Tag darauf die Situation differenzierter beurteilen und kontrollierter darauf reagieren können.

Defizite in der Emotionsregulation haben bei Kindern und Jugendlichen oft dramatische Folgen, insbesondere in Bezug auf ihre sozialen Beziehungen. Sie sind häufiger von der Ablehnung Gleichaltriger betroffen und vermeiden zunehmend den Kontakt zu Mitschülerinnen und Mitschülern, sodass kaum noch Gelegenheiten entstehen, sich in sozialen Interaktionen angemessene Verhaltensweisen anzueignen (Gottman u. Katz, 1989; Eisenberg, Fabes, Nyman, Bernzweig u. Pinuelas, 1994). Um einer solchen negativen Entwicklung vorzubeugen, sollten Kinder und Jugendliche über Fähigkeiten und Fertigkeiten verfügen, die es ihnen ermöglichen, erfolgreich mit Emotionen umzugehen. Saarni (2002, S. 3–30) beschreibt *acht Schlüsselfertigkeiten*, die dafür notwendig sind:

1. Die Bewusstheit über die eigenen Emotionen,
2. die Wahrnehmung der Emotionen anderer,
3. die sprachliche Kommunikation über Emotionen,
4. Empathie, das heißt die Fähigkeit, sich in andere hineinzuversetzen,
5. die Unterscheidung zwischen dem emotionalem Erleben einerseits und dem emotionalen Ausdruck (z. B. Gesichtsausdruck) andererseits,
6. die Fähigkeit, die eigenen Emotionen zu regulieren,
7. das Bewusstsein über die Rolle der emotionalen Kommunikation in Beziehungen und
8. die Fähigkeit zu einem emotional selbstwirksamen Verhalten, das heißt sich zuzutrauen, auch in emotional herausfordernden Situationen aufgrund der eigenen Fähigkeiten angemessen reagieren zu können.

In Bezug auf die Entstehung aggressiven Verhaltens wird der Fähigkeit zur *Emotionsregulation* eine besondere Bedeutung zugeschrieben, da vielfach belegt werden konnte, dass Kinder und Jugendliche, die zu reaktiv-aggressivem Verhalten neigen, häufig Probleme mit der Emotionsregulation haben, insbesondere mit der Kontrolle von Ärger- und Wutgefühlen (Koglin, Petermann, Jaščenoka, Petermann u. Kullik, 2013).

Die Fähigkeit, die eigenen Emotionen zu regulieren, wirkt sich auf die Entstehung und Aufrechterhaltung zwischenmenschlicher Beziehungen aus; umgekehrt kann auch das soziale Umfeld einen Einfluss darauf nehmen, wie und ob Emotionen entstehen und ausgedrückt werden (Zeman u. Garber, 1996). Daraus folgt, dass auch das soziale Umfeld einen Einfluss auf die Emotionsregulation von Menschen ausübt: Menschen können beispielsweise auf eine wütende Person, mit der sie konfrontiert sind, mäßigend einwirken; sie können aber auch durch ihre Reaktion (im ungünstigen Interaktionsverlauf) dazu beitragen, dass die Wut des Gegenübers weiter gesteigert wird.

Studien zeigen, dass der Umgang mit Konfliktsituationen auch mit der *Aufmerksamkeitslenkung* zusammenhängt. Kinder und Jugendliche, die fähig sind, ihre Aufmerksamkeit aktiv und bewusst zu steuern, sind vergleichsweise flexibel im Umgang mit Konfliktsituationen. Ihnen ist es möglich, einzuschätzen, wann es gegebenenfalls sinnvoll ist, einem Konflikt aus dem Weg zu gehen, ihn also zu ignorieren, und wann es besser ist, sich dem Konflikt zu stellen und ihn in konstruktiver Weise zu lösen.

Es ist zielführend, Kindern und Jugendlichen Strategien an die Hand zu geben, die das Lösen von Konfliktsituationen und eigene *Impulskontrolle* ermöglichen. Hierbei ist es wichtig, dass Kinder und Jugendliche lernen, ihre Wut (oder die der anderen) frühzeitig zu erkennen und Möglichkeiten der Selbstregulation in einem natürlichen Umfeld zu üben (Görtz-Dorten u. Döpfner, 2010). Die konstruktive Emotionsregulation bei kindlicher Wut steht im starken Zusammenhang mit *elterlicher und schulischer Intervention*, das heißt, solche Interventionen sind gut geeignet, Defiziten in der Emotionsregulation zu begegnen und Strategien der Selbstregulation in einem natürlichen und geschützten Umfeld zu erproben. (Eisenberg et al., 1994).

1.3 Die Wahrnehmung und Interpretation von sozial herausfordernden Situationen

Neben einem kompetenten Umgang mit Emotionen in Interaktionen wird einer angemessenen Interpretation von sozialen Situationen im Entstehungsprozess der Aggression eine besondere Bedeutung zugeschrieben. Eine besonders bekannte – und in ihrer praktischen Bedeutung vielfach nachgewiesene – Theorie, welche die kognitive Bewertung von sozialen Situationen in den Vordergrund stellt, ist das »Modell der sozialen Informationsverarbeitung« (Crick u. Dodge, 1994, 1996), welches in Abbildung 1 in leicht vereinfachter Form dargestellt wird. Im Vordergrund dieses Modells stehen Prozesse, die bei Kindern zu Verhaltensstörungen, insbesondere aggressivem Verhalten, führen und durch vorangegangene innere Reize (z. B. Wut) oder/und äußere Reize (z. B. eine Provokation) ausgelöst werden.

Grundsätzlich beruht das Modell auf der Annahme, dass aggressive Kinder und Jugendliche die Welt quasi durch eine »aggressive Brille« wahrnehmen, bei der sie ihre Umwelt als gegen sie gerichtet erleben. Diese Kinder und Jugendlichen neigen dazu (vgl. Abbildung 1), dem Verhalten anderer eine feindselige Absicht zu unterlegen und schnell wütend zu werden (Schritte 1 und 2), weniger oder gar nicht in der Lage zu sein, die eigene Wut zu kontrollieren (Schritt 3), nur wenige Handlungsmöglichkeiten zu erwägen, insbesondere solche, die nicht aggressiver Natur sind (Schritt 4), kaum Gedanken zu entwickeln, die eine aggressive Handlung verhindern (wie Mitleid), den Erfolg einer aggressiven Handlung eher für wahrscheinlich zu halten (Schritt 5) und sich schließlich mit höherer Wahrscheinlichkeit (erneut) aggressiv zu verhalten (Schritt 6). Die Reaktionen aus der Umwelt, insbesondere die Reaktionen der Gleichaltrigen (zeigen beispielsweise die Gleichaltrigen Anerkennung oder tolerieren sie das aggressive Verhalten?), können als Motor dieses Kreislaufs betrachtet werden.

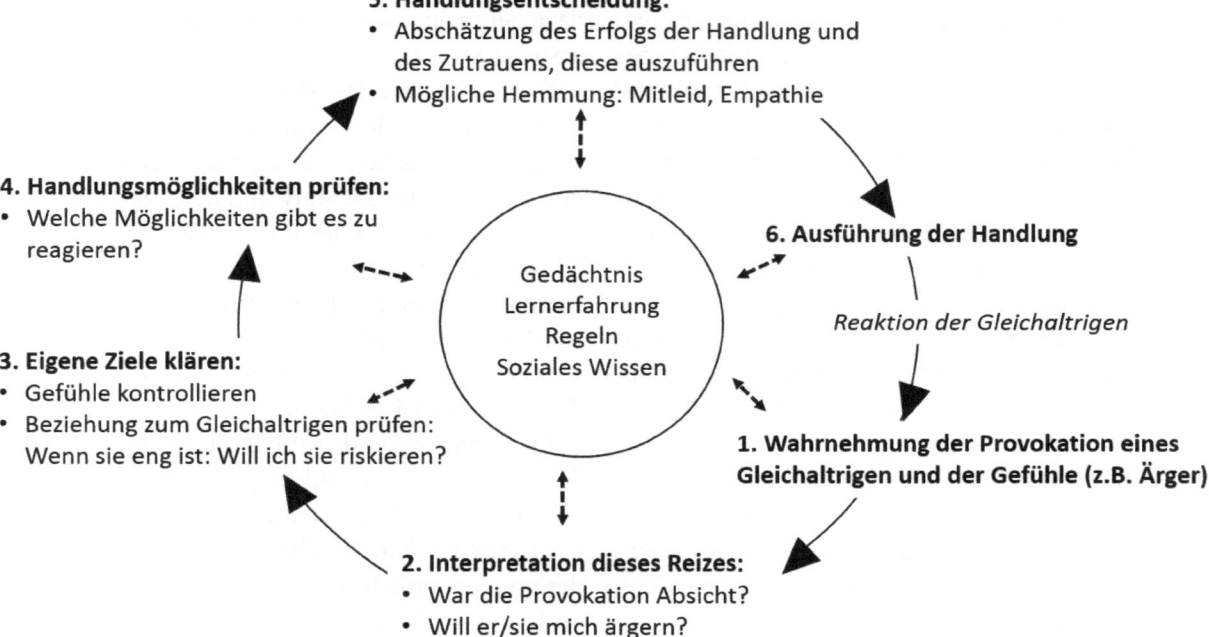

Abbildung 1: Soziales Informationsverarbeitungsmodell der Aggression (vereinfachte Darstellung; Crick u. Dodge, 1994; in Anlehnung an Petermann, Kusch u. Niebank, 1998, S. 169).

Die einzelnen Schritte der Informationsverarbeitung (Schritt 1 bis 6) laufen automatisiert ab. Kinder und Jugendliche, die in ihrer Umwelt gelernt haben, dass aggressive Verhaltensweisen anerkannt werden und Aufmerksamkeit erzeugen, greifen auf diese Lernerfahrung bzw. dieses soziale Wissen zurück (siehe Innenkreis des Modells) und reagieren in vergleichbaren Situationen erneut aggressiv. In der Folge, so konnte vielfach und einhellig empirisch belegt werden, verengt sich ihre Wahrnehmung auf allen Ebenen der Informationsverarbeitung (Crick u. Dodge, 1994, 1996).

Studien zeigen, dass sich *reaktiv* und *proaktiv aggressive* Kinder und Jugendliche in Bezug auf die Verarbeitung der zuvor beschriebenen kognitiven Prozesse voneinander unterscheiden: *Reaktiv-aggressive* Kinder und Jugendliche neigen eher zu einer fehlerhaften Wahrnehmung der Handlungsabsichten ihrer Interaktionspartnerinnen und -partner (Dodge, Lochman, Harnish, Bates u. Pettit, 1997) und interpretieren mehrdeutige Situationen überwiegend feindselig (Dodge u. Somberg, 1987; Schwartz et al., 1998), während *proaktiv-aggressive* Kinder und Jugendliche häufiger die positiven Ergebnisse ihres aggressiven Verhaltens überschätzen (Schwartz et al., 1998).

Der problematische Verlauf der im Modell der sozialen Informationsverarbeitung (Crick u. Dodge, 1994, 1996) dargestellten kognitiven Prozesse wird im »De-escalating Potentially Violent Situations«-Training (Crisis and Trauma Resource Institute Inc. [CTRI], 2014, S. 8) mit der »Ärger-Eskalations-Skala« beschrieben, derzufolge die Ärger auslösende Situation in verschiedene Phasen unterteilt werden kann:

1. *Auslöser:* Ein Reiz aus der Umwelt (z. B. eine Provokation bzw. eine Situation, die eine Person als Provokation wahrnimmt) führt zu physiologischen Reaktionen (schnellere Atmung, beschleunigter Herzschlag), die eine Handlungsbereitschaft auslösen (z. B. Angriff, Gegenwehr).
2. *Eskalation:* Die Person drückt verbal, gestisch und/oder als Handlung ihre Frustration aus.
3. *Breaking-Point:* Die Person erlebt einen Punkt, an dem sie nicht mehr in der Lage ist, kontrolliert zu reagieren. Die Fähigkeit, angemessene Handlungsentscheidungen zu treffen und die Situation objektiv zu erfassen, ist stark eingeschränkt. Die Person wird von der Emotion (Ärger) überwältigt und lässt ihrem Bedürfnis nach Vergeltung freiem Lauf.
4. *Erholung:* Nach der Situation gehen physiologische Reaktionen auf das Ausgangsniveau zurück und die Person ist wieder in der Lage, die Situation objektiver einzuschätzen und ihre Reaktion darauf in ihrer Angemessenheit zu bewerten. Infolgedessen entstehen häufig Gefühle der Scham und Reue.

Ärger wird oft in Situationen ausgelöst, in denen Menschen sich angegriffen oder provoziert fühlen, allerdings neigen manche Menschen dazu (wie bereits im Modell der sozialen Informationsverarbeitung dargestellt), anderen feindselige Absichten zuzuschreiben, ohne zu prüfen, ob das Verhalten der anderen Person auch anders verstanden werden kann.

Die Neigung, die Verhaltensweisen anderer vorschnell als feindselig zu interpretieren, wird durch einen bekannten Wahrnehmungsfehler unterstützt, dem Menschen in ihrem Alltag häufig unterliegen. Verhalten sich andere Menschen in einer Form, die

uns ärgert, beispielsweise ein Busfahrer, der die Tür schließt, obwohl wir gerade noch einsteigen wollten, neigen wir dazu, ihnen die Schuld für dieses Verhalten zuzuschreiben. Wir unterstellen diesen Menschen, uns absichtlich verletzen, kränken oder ärgern zu wollen. Tatsächlich kommen wir aber oft gar nicht auf die Idee, die Gründe für das Verhalten dieser anderen Person in der Umwelt zu sehen. Der Busfahrer war vielleicht gerade abgelenkt und hat uns gar nicht gesehen und sein unhöflich wirkendes Verhalten war von ihm nicht intendiert.

Völlig anders sieht die Situation aus, wenn wir selbst einen Fehler machen. Wenn wir den Geburtstag eines guten Freundes vergessen haben, ist es selbstverständlich für uns, dass wir keine schlechten Menschen sind; wir hatten viel zu tun und haben natürlich auch an den Geburtstag gedacht, aber dann kam etwas dazwischen und wir vergaßen den rechtzeitigen Geburtstagsanruf. Es lag weder eine böse Absicht darin, noch ist uns der besagte Freund gleichgültig. Dennoch sind wir in Bezug auf die Interpretation negativer Verhaltensweisen bei uns selbst milder gestimmt als wir es bei anderen sind.

Die Tendenz, in mehrdeutigen Situationen das Verhalten anderer als feindselig zu interpretieren, obwohl keine klaren Informationen zur Absicht des Interaktionspartners/der Interaktionspartnerin vorliegen, wird auch als »feindseliger Attributionsstil« bezeichnet (Nasby, Hayden u. DePaulo, 1979). Neigen Personen zu einem feindseligen Attributionsstil, wird die Suche nach weiteren Informationen, die dabei helfen können, die Situation differenzierter und somit besser zu verstehen, nicht fortgesetzt. Kinder und Jugendliche mit einem feindseligen Attributionsstil ziehen folglich in Interaktion mit Gleichaltrigen vorschnelle Schlussfolgerungen und unterstellen ihrem Gegenüber feindselige Verhaltensabsichten

Die Neigung, das Verhalten anderer bevorzugt anhand von (unterstellten) Persönlichkeitsfaktoren zu erklären und Einflüsse aus der sozialen Umwelt (also situative Faktoren) dabei wenig oder gar nicht zu bedenken, nennt man in der Psychologie den »fundamentalen Attributionsfehler« (Ross, 1977). Der fundamentale Attributionsfehler zeigt, wie wichtig es wäre, sich in die Person, die ein uns verletzendes Verhalten zeigt, hineinzuversetzen, denn mit den Augen der anderen Person werden wir offener für Erklärungsalternativen, die zu dem Verhalten dieser Person geführt haben können.

Die Fähigkeit, sich in andere hineinversetzen zu können, wird in der Wissenschaft als *Empathie* bezeichnet. Genauer meint Empathie die Fähigkeit, den emotionalen Zustand anderer zu erkennen und zu verstehen (kognitive Komponente) und die Gefühle anderer nachzuempfinden (affektive Komponente; Davis, 1983; Feshbach, 1975; Hoffman, 1984). Empathie ist ein wesentlicher Bestandteil der emotionalen Kompetenz (Saarni, 1990) und steht in einem engen Zusammenhang mit *prosozialen Verhaltensweisen* (Eisenberg u. Miller, 1987; Hoffman, 1982).

Ob ein Mensch, der grundsätzlich über die Fähigkeit zur Empathie verfügt, in einer konkreten Situation dazu bereit ist, diese Fähigkeit einzusetzen, hängt von verschiedenen Faktoren ab: Beispielsweise spielt dabei die Bewertung des Verhaltens der anderen Person (als positiv oder negativ) eine Rolle (Strayer u. Roberts, 1997) und die Frage, in welcher Beziehung wir zu der anderen Person stehen bzw. stehen wollen (Ickes, Stinson, Bissonnette u. Garcia, 1990). Es ist folglich wichtig, ausgelöste innere Prozesse unter Berücksichtigung des Einflusses von Merkmalen der Gruppenkonstellation bei der Entstehung von Aggression zu berücksichtigen und diese in gewaltpräventiven Interventionen einzubeziehen (Neuhaus, 2011).

Auch situationale Auslöser müssen differenziert betrachtet werden. Im Zusammenhang mit der polizeilichen Gewaltprävention ist es wichtig, zwischen Provokationen einerseits und Bedrohungen andererseits als Auslöser aggressiven Verhaltens zu unterscheiden.

Zum Unterschied zwischen Provokationen und Bedrohungen: Provokationen können sowohl Beleidigungen, Beschimpfungen als auch abschätzige Gesten sein. Ob diese aber auch als Provokation *wirken,* ist – wie das Modell der sozialen Informationsverarbeitung (Crick u. Dodge, 1994, 1996) zeigt – vor allem von der Wahrnehmung der Person abhängig, auf die sie zielen. Gelegentlich wird in diesem Zusammenhang auch von Bedrohung gesprochen. Dieser Begriff ist im psychologischen Sinne vor allem als eine *Bedrohung des Selbstwerts* zu verstehen.

Durch das vorliegende Programm werden die Kinder und Jugendlichen darin trainiert, kompetenter mit Provokationen und Bedrohungen umzugehen. Wird bei der Umsetzung des Programms mit Fachkräften der Polizei zusammengearbeitet, sollte berücksichtigt werden, dass das Verständnis des Begriffs der Bedrohung aus polizeilicher Sicht ein gänzlich anderes ist: Hier ist in der Regel tatsächlich eine Gefährdung der eigenen körperlichen Unversehrtheit gemeint, beispielsweise durch das Androhen von Gewalt. Dabei handelt es sich typischerweise um Situationen, die – statistisch gesehen – sehr selten auftreten. Die Opfer solcher Taten, seien es Kinder, Jugendliche oder Erwachsene, haben

in der Regel keinerlei Erfahrung mit dieser Situation. Sie verfügen über kein Wissen, wie man in solchen Situationen reagiert. Das heißt, die Reaktion in einer Situation der Bedrohung verläuft typischerweise *nicht* (wie im Modell der sozialen Informationsverarbeitung im Umgang mit Provokationen angenommen) *automatisiert* ab. Das erklärt auch das häufig beobachtete Phänomen, wonach Menschen in bedrohlichen Situationen in eine Art Schockstarre verfallen: Sie suchen in ihrem Gedächtnis nach Regeln und Wissen darüber, was zu tun ist. Zugleich stehen sie vor der Aufgabe, ihre Emotionen zu bewältigen; in der Regel ist dies Angst (und nicht Wut oder Ärger). Die Kinder und Jugendlichen werden im Rahmen des vorliegenden Programms trainiert, in solchen Situationen auf ihre Angst zu hören, sich aus ihrer Starre zu lösen und die Flucht anzutreten bzw. den Forderungen des Täters oder der Täterin nachzugeben.

Das vorliegende Programm fokussiert auf beide Arten von Situationen: Die Kinder und Jugendlichen sollen einerseits lernen, mit Provokationen anderer Schülerinnen und Schüler, die sie vergleichsweise häufig erleben, kompetent umzugehen. Andererseits sollen sie aber auch darauf trainiert werden, Handlungswissen über Situationen zu entwickeln, die eine Bedrohung für ihre körperliche Unversehrtheit bedeuten bzw. bedeuten können, deren Auftretenswahrscheinlichkeit aber zugleich deutlich geringer ist.

1.4 Selbstsicherheit im Umgang mit Gleichaltrigen

Im Umgang mit Gleichaltrigen, beispielsweise Klassenkameradinnen und Klassenkameraden, kommt es vergleichsweise häufig zu Konflikten, deren Auslöser Provokationen oder mehrdeutige soziale Situationen sind. Sozial mehrdeutig heißt, dass Ambivalenz darin besteht, wie das (missfallende) Verhalten des Gegenübers interpretiert werden kann: Handelt es sich um ein intendiert feindseliges Verhalten oder verhielt sich die Person aus anderen Gründen auf die beobachtete Weise?

Wird dem (missfallenden) Verhalten der anderen Person eine Intention zugeschrieben, wird in der Regel Wut oder Ärger bei dem Betroffenen ausgelöst. Wie bereits in Abschnitt 1.2 dargestellt, ist die Kontrolle starker Emotionen wie Wut, eine wichtige Fähigkeit, um in angemessener und beziehungsförderlicher Form auf solche Konflikte zu reagieren. Um erfolgreich zur Lösung eines Konflikts beizutragen und eine langfristige Beeinträchtigung der Beziehung zwischen Gleichaltrigen zu vermeiden, sind angemessene Selbstbehauptungen in Reaktion auf Provokationen in der Regel sinnvoller als passive Verhaltensweisen wie Rückzug oder Weinen.

Angemessene Selbstbehauptung meint, dass ein Kind oder eine Jugendliche/ein Jugendlicher »seine Ziele und Interessen in für den anderen akzeptabler Weise erreichen oder durchsetzen« (Petermann u. Petermann, 2000, S. 18) kann. Formen der Selbstbehauptung im Kindes- und Jugendalter, die als angemessen gelten, bestehen beispielsweise in der Fähigkeit, den eigenen Standpunkt darzustellen und zu vertreten und Ärger- oder Wutgefühle bei Konflikten angemessen zu äußern (Petermann u. Petermann, 2000). Das Erkennen, Ausdrücken und Umgehen mit Gefühlen ist entsprechend ein wichtiger Baustein für selbstsicheres Verhalten in sozialen Situationen (Petermann u. Petermann, 1996) und befähigt Kinder und Jugendliche, sich in Auseinandersetzungen mit anderen zu behaupten (Saarni, 2002).

Auch im Zusammenhang selbstbehauptenden Verhaltens ist es wichtig, dass Kinder und Jugendliche lernen, zwischen Provokationen Gleichaltriger, die sie kennen (z. B. Klassenkameradinnen und Klassenkameraden), und realen Bedrohungen in der Öffentlichkeit, die von Unbekannten ausgehen, zu unterscheiden. In Bedrohungssituationen im öffentlichen Raum sollte, wann immer es möglich ist, mit Rückzugsverhalten reagiert werden, da die Absichten des Täters/der Täterin in diesem Fall eindeutig feindselig sind, die Konsequenzen schwer eingeschätzt werden können und sich eine Selbstbehauptung »nicht lohnt«, da typischerweise zwischen den Interaktionspartnerinnen bzw. Interaktionspartnern keine relevante Beziehung besteht, die auf diese Weise riskiert wird.

Die Fähigkeit, sich angemessen behaupten zu können, ist also vor allem im Umgang mit Gleichaltrigen, die einander bekannt sind wichtig, da Kinder und Jugendliche auf diese Weise lernen, Konflikte auch in eigener Verantwortung zu lösen. Den eigenen Standpunkt in der Gruppe der Gleichaltrigen in angemessener Form vertreten zu können, ist auch deshalb eine relevante Fähigkeit, da sie Kinder und Jugendliche vor negativen Einflüssen schützt.

Eine Vielzahl von Studien verweist darauf, dass der von Kindern und Jugendlichen wahrgenommene Druck, sich entsprechend der Werte und Normen, die in der Gruppe der Gleichaltrigen vertreten werden, geeignet ist, um verschiedenste Formen des Risikoverhaltens vorherzusagen, beispielsweise Delinquenz, Provokationen, rücksichtsloses Autofahren oder Drogen- und Alkoholmissbrauch (R. B. Caims, B. D. Caims, Neckerman, Gest u. Gariepy, 1988; Chassin,

Presson u. Sherman 2005; Simons-Morton, Chen, Abrorns u. Haynie, 2004).

Die Orientierung an der Gruppe der Gleichaltrigen stellt in der Jugendzeit einen besonders wichtigen Bezugsrahmen für die Ausgestaltung der eigenen Identität dar (Erickson u. Jensen, 1977) und kann – in Abhängigkeit der Werte und Normen, die diese Gruppe vertritt – entsprechend positiv oder negativ wirken. Als Zeichen für einen potenziellen negativen Einfluss kann die in der Kriminalitätsforschung konsistent nachgewiesene *Alters-Kriminalitäts-Kurve* gelten, die einen rapiden Anstieg von Straftaten während der Jugendzeit anzeigt, deren Höhepunkt in den späten Teenager-Jahren auftritt und anschließend allmählich, aber kontinuierlich, wieder abfällt (Farrington, 1986; Hirschi u. Gottfredson, 1983). Mit anderen Worten: Die Wahrscheinlichkeit, in aggressive oder delinquente Handlungen involviert zu sein, ist in der Jugendzeit am höchsten. Jugendliche dazu zu befähigen, sich gegenüber Gleichaltrigen behaupten zu können, schützt sie entsprechend auch vor potenziellen negativen Einflüssen der Gruppe der Gleichaltrigen.

1.5 Gelingensbedingungen schulischer Gewaltprävention

Kinder und Jugendliche davor zu schützen, in der Schule Gewalt zu erleben oder auszuüben, ist in den letzten Jahrzehnten ein zentraler Bestandteil von Schulentwicklung geworden. Maßnahmen, die dazu geeignet sind, den Entwicklungsverlauf von Kindern und Jugendlichen günstig zu beeinflussen, sollten folglich möglichst frühzeitig in der Kindheit ansetzen (Reid u. Eddy, 1997). Hierfür sind besonders primär-präventive Maßnahmen geeignet, die breite Bevölkerungsgruppen ansprechen, beispielsweise alle Schülerinnen und Schüler einer Klasse (*universelle Prävention*). Davon unterschieden werden können Maßnahmen, die sich beispielsweise an Schülerinnen und Schüler richten, die in sozialen Randlagen aufwachsen und ein erhöhtes Risiko haben, einmal selbst straffällig zu werden (*selektive Prävention*) oder die Schülerinnen und Schüler mit ersten Anzeichen von Problemverhalten (*indizierte Prävention*) ansprechen. Bei dem vorliegenden Programm handelt es sich um eine primär-präventive Maßnahme, die sich an alle Schülerinnen und Schüler, unabhängig von der Ausprägung (reaktiv-) aggressiven Verhaltens, richtet.

Präventive Programme gelten vor allem dann als erfolgreich, wenn sie multimodal angelegt sind, das heißt, wenn ebenso wie *Risikofaktoren,* die es zu reduzieren gilt (z. B. gewaltförderliche Einstellungen), auch *Schutzfaktoren,* die erhöht werden sollen (z. B. Fähigkeiten zum kompetenten Umgang mit Konflikten), angesprochen werden (u. a. Nation et al., 2003). Weiterhin gelten Programme, die auf mehreren Ebenen ansetzen, das heißt sowohl auf Ebene des Kindes bzw. des/der Jugendlichen als auch auf Ebene der Lehrerschaft bzw. der sozialen Umwelt (z. B. der Klassen- und Schulkultur, Elternschaft), als besonders wirksam (Nation et al., 2003).

Bedenkt man die Entstehungsbedingungen aggressiven Verhaltens bei Kindern und Jugendlichen, wie sie im Modell der sozialen Informationsverarbeitung (Crick u. Dodge, 1994, 1996) dargestellt werden (vgl. Abschnitt 1.3), dann ist leicht nachvollziehbar, dass vor allem solche Präventionsprogramme erfolgreich sind, die mehrere Bereiche der Persönlichkeit von Kindern und Jugendlichen ansprechen, das heißt deren Einstellungen, Überzeugungen, Wissen und Wahrnehmungen (d. h. *Kognitionen*), deren Gefühle (d. h. *Emotionen*) und deren Handlungskompetenzen in sozialen Situationen (d. h. *Verhalten;* Lösel, 2012). Umgekehrt ist daraus zu folgern, dass Programme, die auf einer reinen Wissensvermittlung oder Aufklärung basieren, in der Regel wenig wirksam sind (Nation et al., 2003).

Darüber hinaus gelten Programme als besonders förderlich, in denen ganz gezielt die sozialen Fähigkeiten und Fertigkeiten trainiert werden und die sich am Entwicklungsstand der Kinder und Jugendlichen orientieren (Denham u. Almeida, 1987; Sherman, Gottfredson, MacKenzie, Eck, Reuter u. Bushway, 1998). Auch zeigen Studien übereinstimmend, dass einmalig stattfindende Präventionsmaßnahmen typischerweise keine Nachhaltigkeit erzeugen, das heißt, präventive Programme müssen über eine ausreichende (zeitliche) Intensität verfügen, um wirksam zu sein.

Neben der Frage der Wirkung ist in den letzten Jahren die Rolle der Umsetzungsqualität von Präventionsprogrammen in den Fokus der Aufmerksamkeit geraten, denn selbst das beste Programm bleibt wirkungslos, wenn es keine Anweisung gibt, mit welchen Mitteln und Methoden die intendierten Trainingsziele erreicht werden sollen. Entsprechend gilt, dass gut strukturierte Programme, die auf einem wissenschaftlich fundierten Konzept fußen, welches einen logischen Zusammenhang zwischen Problemanalyse und abgeleiteten Maßnahmen (Ursache-Wirkung) erkennen lässt, und das Einheitlichkeit und Verbindlichkeit in der Umsetzung bietet, (gemessen an ihrer Wirksamkeit) den größten Erfolg versprechen (Lösel, 1995, 2012).

2 Einstieg in das Trainingsprogramm

Das vorliegende Manual beinhaltet Vorgaben und Empfehlungen zur Implementation und Durchführung des Trainings deeskalierenden Verhaltens in Konfliktsituationen an Schulen. Es richtet sich an Lehrkräfte, Fachkräfte der Schulpsychologie, der Pädagogik und Sozialarbeit sowie in der Prävention tätige polizeiliche Fachkräfte. Das Programm wurde in Zusammenarbeit mit der Polizei Berlin entwickelt und beinhaltet Trainingsanteile, die von pädagogisch-psychologisch geschulten Fachkräften durchgeführt werden, sowie Trainingsanteile, deren Umsetzung aufgrund ihres handlungsorientierten und strafrechtlichen Bezugs durch präventiv arbeitende polizeiliche Fachkräfte erfolgt, sofern von Schulen eine entsprechende Zusammenarbeit etabliert worden ist.

Das Ziel des Trainingsprogramms besteht darin, dass Kinder und Jugendliche lernen, konstruktiv (und nicht aggressiv) in sozialen Konfliktsituationen zu handeln. Ein zentrales Trainingsziel besteht entsprechend im Abbau reaktiver Aggression, das heißt Einstellungen und Verhaltensweisen, die eine aggressive Reaktion in sozial-herausfordernden Situationen bei Kindern und Jugendlichen befördern, sollen reduziert und kompetente Einstellungen und Verhaltensweisen, die deeskalierend wirken, erhöht werden.

Die Maßnahme richtet sich an Schülerinnen und Schüler ab der Jahrgangsstufe 5. Die zeitliche Intensität des vorliegenden Trainings umfasst 450 Minuten[1] (10 Schulstunden à 45 Minuten), davon entfallen circa 90 Minuten auf den Themenkomplex »Emotionen« (Trainingsmodul 1), circa 90 Minuten auf den Themenkomplex »Kognitionen« (Trainingsmodul 2), circa 180 Minuten auf den handlungsorientierten Trainingsteil, das heißt die ehemaligen AGVen (Trainingsmodul 3), und circa 90 Minuten auf die Nachbereitung und Vertiefung des Gelernten (Trainingsmodul 4).

Das Trainingsmanual baut in seiner inhaltlichen Ausrichtung im Wesentlichen auf das auf 180 Minuten angelegte Konzept der Berliner Anti-Gewalt-Veranstaltungen (AGVen) auf (Lazai, 2001; von Strünck, 2008a, 2008b). AGVen werden in Berlin seit 1992 als polizeiliche Veranstaltungen angeboten, die durch speziell ausgebildete Polizeibeamtinnen und -beamten, den sogenannten Präventionsbeauftragten, mit Berliner

Schülerinnen und Schülern durchgeführt werden. Die Veranstaltungen erfahren durch die Berliner Schulen eine große Nachfrage: Polizeilichen Dokumentationen zufolge nahmen allein im Berichtsjahr 2014 rund 30.000 Schülerinnen und Schüler an dieser Maßnahme teil.[2]

In den Jahren 2013 bis 2015 förderte die Polizei Berlin die Evaluation und Optimierung der AGVen durch die Arbeitsbereiche »Public Health: Prävention und psychosoziale Gesundheitsforschung« (Leitung: em. Univ.-Prof. Dr. Dieter Kleiber) und »Schul- und Unterrichtsforschung« (Leitung: Univ.-Prof. Dr. Bettina Hannover) der Freien Universität Berlin. Im Ergebnis entstand das vorliegende Trainingsmanual, welches (im Vergleich zu den ursprünglichen AGVen) zeitlich intensiviert, wissenschaftlich fundiert und inhaltlich auf den zentralen Bereich der Deeskalation geschärft wurde.

Nachfolgend werden allgemeine Grundlagen (Abschnitt 2.1) und übergeordnete Ziele des Programms (Abschnitt 2.2) dargestellt.

2.1 Grundlagen des Trainingsprogramms

Das Trainingsprogramm wurde so entwickelt, dass eine hohe Wirksamkeit der Maßnahme gewährleistet werden kann. Wichtige Indikatoren für die Wirksamkeit von Programmen bestehen in einer standardisierten Vorgehensweise (d. h. ein klar strukturiertes Programm mit festgelegten Zeitabläufen und Methoden), einer ausreichenden zeitlichen Intensität der Maßnahme, einer interaktiven Methodik und einer wissenschaftlichen Begründbarkeit der trainierten Bereiche (Bannenberg et al., 2013).

Das standardisierte Vorgehen wird durch die in Kapitel 4 detailliert beschriebene Durchführung der einzelnen Trainingsmodule gesichert. Hierbei gibt es an einigen Stellen Möglichkeiten, zwischen verschiedenen Methoden und Übungen zu wählen, sodass trotz der standardisierten Vorgehensweise eine gewisse Flexibilität gegeben ist. Diese Flexibilität ist wichtig, da die Übungen möglichst alters- und entwicklungsgerecht eingesetzt werden sollen und es als begünstigend betrachtet wird, didaktisch auf besondere Bedürfnisse der Gruppe eingehen zu können, das heißt beispielsweise, variabel Stillarbeit oder aktivierende Unterrichtsmethoden anzuwenden.

Ab wann ein Programm eine ausreichende Intensität aufweist, ist verbindlich kaum zu benennen (Bannenberg et al., 2013). Allerdings weisen die Ergebnisse der Evaluation der AGVen der Polizei Berlin, die auf ursprünglich 4 Schulstunden (180 Minuten) beruhten, darauf hin, dass dieser Umfang nicht ausreichend ist, um nachhaltige Veränderungen seitens der trainierten Schülerinnen und Schüler zu bewirken (Neuhaus et al., 2015). Mit einem Umfang von 10 Schulstunden (450 Minuten) umfasst das vorliegende Programm eine Intensität, die im Vergleich zu anderen sozialen Trainingsprogrammen noch immer im unteren Bereich liegt (zum Vergleich: das »Fairplayer.Manual« umfasst 15–17 Schuldoppelstunden, vgl. Scheithauer u. Bull, 2008). Dieser vergleichsweise geringen Trainingsintensität wird durch die konsequente Fokussierung auf die Reduktion aggressiven Verhaltens in Reaktion auf Bedrohungen oder Provokationen Rechnung getragen.

Inhaltlich werden gezielt Übungen mit den teilnehmenden Kindern und Jugendlichen durchgeführt, die den Aufbau sozial-kognitiver Fähigkeiten (z. B. die Reduktion falscher Wahrnehmungen und Überzeugungen in sozial herausfordernden Situationen) und Fertigkeiten im Umgang mit intensiven Emotionen (z. B. Wut) sowie ein kontrolliertes Verhalten in Gruppenkontexten ermöglichen. Das Training ist verhaltensbasiert und handlungsorientiert insofern, als mittels der Methode des Rollenspiels bei den Kindern und Jugendlichen *Handlungskompetenzen* im Umgang mit Provokationen und Bedrohungen aufgebaut und eingeübt werden.

Kernbestandteile des handlungsorientierten Trainingsteils (Trainingsmodul 3) sind die Vermittlung verschiedener Facetten des Gewaltbegriffs (psychische, physische und soziale), die Dynamik von Konflikten und die strafrechtlichen Folgen, die sich möglicherweise im Falle einer Eskalation eines Konflikts für die Beteiligten des Geschehens ergeben. Die Aufklärung strafrechtlicher Konsequenzen aggressiven oder delinquenten Verhaltens im Rahmen des Trainings wird nur empfohlen, wenn dieser Trainingsteil in Zusammenarbeit mit polizeilichen Fachkräften erfolgt, welche die hierfür erforderliche Expertise aufweisen. In *Rollenspielen* lernen die Kinder und Jugendlichen Konfliktlösungsstrategien und Möglichkeiten zur Opfervermeidung kennen und erproben sie in spielerischer Form.

2.2 Allgemeine Ziele des Programms

Als Kernziele des Programms werden eine *Verhaltensänderung* bei den Schülerinnen und Schülern (insbesondere eine Reduktion aggressiven Verhaltens in Reaktion auf Bedrohungen und Provokationen) sowie eine *positive Beeinflussung der mit Gewalt verbundenen Einstellungen* angestrebt. Weiterhin sollen die Schülerinnen und Schüler auf *allen Ebenen ihrer Persönlichkeit* angesprochen werden:

1. auf Ebene ihrer *Kognitionen,* das heißt, intendiert wird eine Verbesserung der Genauigkeit und Angemessenheit der Wahrnehmungen, eine Reduktion aggressionsförderlicher Einstellungen, der Aufbau von Wissen über die Konsequenzen aggressiven Verhaltens und über angemessene Handlungsstrategien im Umgang mit Provokationen und Bedrohungen,
2. auf Ebene ihrer *Emotionen,* das heißt, intendiert wird eine genauere Wahrnehmung der eigenen Gefühle, das Erkennen und Nachempfinden der Gefühle anderer und das Kennen und Anwenden von Strategien zur Regulation von Emotionen (insbesondere Wut und Ärger) und
3. auf Ebene ihres *Verhaltens,* das heißt, intendiert wird der Aufbau von Handlungskompetenzen, die zu einer Reduktion reaktiv-aggressiver Verhaltensweisen in Konfliktsituationen führen.

Die präzisen Lernziele sind (in ausdifferenzierter Form) den jeweiligen Trainingsmodulen vorangestellt.

1 Die Zeiten, die für die jeweiligen Themenkomplexe angegeben sind, sind als Orientierungsrahmen zu verstehen und beinhalten neben den eigentlichen Übungen Zeit für Erklärungen und Erläuterungen sowie Zusammenfassungen.

2 In der Präventionsdatenbank der Polizei Berlin wurden im Berichtsjahr 2014 1200 Anti-Gewalt-Veranstaltungen (mit durchschnittlich 25 Schülern und Schülerinnen pro Schulklasse) dokumentiert. Gemessen an der Gesamtschüler/-innenzahl der allgemeinbildenden Schulen im Schuljahr 2014/2015 der 5. bis einschließlich 8. Jahrgangsstufe mit 108.520 Schülern/Schülerinnen insgesamt (vgl. Senatsverwaltung für Bildung, Jugend und Wissenschaft, 2015) ergibt sich, dass im Jahr 2014 etwa jede vierte Schülerin/jeder vierte Schüler an einer AGV teilgenommen hat.

3 Rahmenbedingungen

In diesem Kapitel werden Empfehlungen zu den Rahmenbedingungen gegeben, die eine gelingende Umsetzung des Programms in der schulischen Praxis sicherstellen. Hierzu zählen zunächst Hinweise zur Implementation des Programms (Abschnitt 3.1), Empfehlungen zur Durchführung des Programms in Zusammenarbeit mit außerschulischen Partnern, beispielsweise der Polizei (Abschnitt 3.2), strukturelle Empfehlungen (Abschnitt 3.3) und allgemeine motivationale Aspekte, die eine positive Wirkung des Programms befördern (Abschnitt 3.4).

3.1 Empfehlungen zur Implementation

Unter *Implementation* wird »eine erstmalige Durchführung, die anschließende Wiederholung und nachfolgend die nachhaltige Verstetigung einer gewaltpräventiven Maßnahme im Alltag einer Einrichtung« verstanden (Bannenberg et al., 2013, S. 35). Ausgehend von den sogenannten »Beccaria-Standards«[3], die ein Gesamtprogramm an Anforderungen zur Qualitätssicherung beinhalten, sollten folgende Arbeitsschritte bei der Umsetzung gewaltpräventiver Maßnahmen (in der dargestellten Reihenfolge) berücksichtigt bzw. vor deren Einführung analysiert und geplant werden.

1. *Problembeschreibung:* Wie ausgeprägt ist das Problemverhalten? Woran ist es beobachtbar? Wer ist besonders betroffen von dem Problem? Seit wann bereits?

   Bezogen auf das vorliegende Programm: Wie ausgeprägt ist reaktiv-aggressives Verhalten bei den Schülerinnen und Schülern der Klasse, in der das Training durchgeführt werden soll? Kommt es häufig zu Szenen, in denen Provokationen einen Konflikt ausgelöst haben? Wie ist das Verhältnis von proaktiver (z.B. Vandalismus) und reaktiver Aggression (z.B. Gewalt in Reaktion auf eine Provokation) an der Schule?

2. *Analyse der Entstehungsbedingungen:* Welches theoretische und wissenschaftliche Wissen ist vorhanden, um die Entstehung des Problemverhaltens zu erklären? Werden Schutz- und Risikofaktoren benannt?

   Bezogen auf das vorliegende Programm: Zur Erklärung können die im Kapitel 1 beschriebenen Prozesse in Bezugnahme auf Risikofaktoren (z.B. Defizite in der Genauigkeit und Angemessenheit der Interpretation der Absichten des Interaktionspartners/der Interaktionspartnerin) und Schutzfaktoren (z.B. Fähigkeit zum Perspektivenwechsel, Selbstsicherheit in sozialen Situationen) zur Entstehung reaktiv-aggressiven Verhaltens herangezogen werden.

3. *Festlegung der Präventionsziele, Projektzeit und Zielgruppen:* Woran ist erkennbar, dass die Maßnahme wirkt? Welche konkreten Indikatoren können herangezogen werden?

   Bezogen auf das vorliegende Programm: Kann reaktiv-aggressives Verhalten durch die Trainingsteilnahme an der Schule reduziert werden? Woran ist das für die Schule erkennbar (z.B. Weniger entsprechend dokumentierte Fälle in der Schulstation)?

4. *Festlegung der Maßnahmen für die Zielerreichung:* Welche konkreten Maßnahmen werden zur Erreichung der präventiven Ziele abgeleitet? Wie wird sichergestellt, dass die gewünschten Zielgruppen erreicht werden?

   Bezogen auf das vorliegende Programm: Wer übernimmt innerhalb der Schule für die Umsetzung des Programms die Verantwortung? Welche Schulklassen sollen (ggf. in welchem zeitlichen Turnus) an dem Programm teilnehmen? Wer muss in welcher Form möglicherweise noch mit dem Trainingsprogramm geschult werden? Sind eventuell konkrete Vereinbarungen mit außerschulischen Partnern, zum Beispiel polizeilichen Fachkräften, zur Durchführung des handlungsorientierten Teils (Trainingsmodul 3) getroffen worden?

5. *Projektkonzeption und Projektdurchführung:* Sind die Überlegungen und Planungen zur Begründung, Festlegung, Ausgestaltung, Durchführung und Bewertung des Projekts ausreichend dokumentiert? Ist die Zusammenarbeit mit Kooperationspartnern geklärt?

   Bezogen auf das vorliegende Programm: Gibt es eine zentrale Arbeitsgruppe/Station, an der die Umsetzung des Programms an der Schule geplant, dokumentiert und bewertet werden kann? Sind gegebenenfalls die Rollen in der Zusammenarbeit von Lehrkräften und außerschulischen Partnern geklärt?

6. *Überprüfung von Umsetzung und Zielerreichung des Projekts (Evaluation):* Wird das Programm wie konzeptuell vorgesehen umgesetzt? Wird die gewünschte Wirkung mit dem Programm erzielt? Wer übernimmt die Evaluation (extern vs. intern)? *Bezogen auf das vorliegende Programm:* Wird das Manual wie konzeptuell vorgesehen umgesetzt, sowohl von den Lehrkräften als auch von außerschulischen Partnern, zum Beispiel polizeilichen Fachkräften? Welche Hindernisse bestehen gegebenenfalls in der Umsetzung? Wie kann die Umsetzung und Wirkung des Trainings evaluiert werden?

7. *Schlussfolgerungen und Dokumentation:* Was sind die zentralen Erkenntnisse des Projekts? Welche Erfahrungen wurden gemacht? Wer könnte noch von diesen Erkenntnissen und Erfahrungen profitieren? *Bezogen auf das vorliegende Programm:* Welche Erfahrungen wurden gemacht? Hat sich das Projekt »gelohnt« (Nutzen-Kosten-Einschätzung)? An welchen Stellen bedarf es weiterer Abstimmung, Optimierung (z. B. in der Zusammenarbeit von Schule und Polizei)? In welcher Form können die Erkenntnisse/Erfahrungen anderen Schulen zugänglich gemacht werden (innerhalb Berlins bzw. in anderen Bundesländern)?

Zur Implementation von gewaltpräventiven Maßnahmen an Schulen wird vom Sachverständigenrat des Deutschen Forums für Kriminalprävention (DFK) für die Auswahl und Durchführung wirksamer Programme (Bannenberg et al., 2013) empfohlen, eine *Steuerungsgruppe* einzurichten, die mit der Einführung und Realisation der Maßnahme betraut wird. Diese sollte neben Fachkräften (z. B. Lehrkräften) aus Vertreterinnen bzw. Vertretern der Leitung, Kindern und Jugendlichen, Eltern bzw. Erziehungsberechtigten sowie weiteren interessierten Kolleginnen und Kollegen bestehen (Bannenberg et al., 2013, S. 36 ff.). Die Aufgabe dieser Steuerungsgruppe besteht darin, die Maßnahme konzeptuell mit der schulischen Gesamtpräventionsstrategie zu verknüpfen und die Ressourcen-, Zeit- und Fortbildungsplanung an der Schule zu verantworten.

Eine *Gesamtpräventionsstrategie* meint, dass eine Schule ein präventives Gesamtkonzept erarbeiten sollte, das in verschiedenen Alters- und Klassenstufen unterschiedliche Maßnahmen, die aufeinander aufbauen und inhaltlich aufeinander abgestimmt sind, berücksichtigt (S. 37). Bei der Durchführung des vorliegenden Programms ist zu berücksichtigen, dass dieses vorwiegend konzipiert wurde, um reaktiv-aggressives Verhalten zu reduzieren. Positive Begleiteffekte auf andere Aggressionsformen, zum Beispiel proaktive Aggression oder Mobbing, sind möglich, da zum Teil durch das Training deeskalierenden Verhaltens in Konfliktsituationen Schutzfaktoren aufgebaut werden, die auch dazu geeignet sind, andere Aggressionsformen zu reduzieren (bspw. durch Erhöhung der Fähigkeit des Perspektivenwechsels). Dennoch werden durch das Programm andere Aggressionsformen nicht gezielt reduziert, sodass, je nach Problemlage der Schule gegebenenfalls andere Trainingsprogramme geeigneter sind oder die Maßnahme durch weitere präventive Programme (z. B. zur Reduktion proaktiver Aggression) ergänzt werden sollte.

3.2 Kooperation und Absprachen mit außerschulischen Partnern

Die Durchführung des vorliegenden Programms ist grundsätzlich auch ohne Einbezug außerschulischer Partner möglich. Empfohlen wird jedoch eine Zusammenarbeit mit polizeilichen Fachkräften, da diese professionsbedingt im Besonderen befähigt sind, verhaltensorientierte Trainings (u. a. durch den Einsatz von Rollenspielen) durchzuführen, strafrechtlich relevante Verhaltensweisen im Umgang mit Konflikten in ihrer Konsequenz zu beurteilen und Schülerinnen und Schüler darüber aufzuklären. Weitere Vorteile der Zusammenarbeit von Schule und Polizei bestehen in einem *Abbau etwaiger negativer Einstellungen* gegenüber der jeweils anderen Profession (Eder, 2011).

Eine Vernetzung der Schulen mit außerschulischen Partnern, die durch klare *Kooperations- und Zielvereinbarungen* gekennzeichnet ist, gilt in der Schulpädagogik und Schulpsychologie als wegweisend (Seifried, 2007), denn durch sie werden Ziele mit höherer Wahrscheinlichkeit in Handlungen umgesetzt und erreicht (Sieland, 2007). Kooperationsvereinbarungen zwischen Schulen und Polizei bieten sich an, um seitens der Schulleitung – und damit auch für die Lehrkräfte – verbindlich festzuhalten, welcher Beitrag von welchem Partner (in welchem Zeitraum und welcher zeitlichen Intensität) erbracht werden muss, um eine erfolgreiche Durchführung des Trainingsprogramms sicherzustellen. Hierzu zählt das jeweils verbindliche Zugeständnis, die Module professionsabhängig durchzuführen: Empfohlen wird eine Durchführung der Trainingsmodule 1, 2 und 4 durch Lehrkräfte und des Trainingsmoduls 3 durch polizeiliche Fachkräfte. Geklärt werden sollte, dass die Lehrkraft auch bei der Durchführung des Trainingsmoduls 3 anwesend sein und für die notwendigen *Rahmenbedingungen* (Räumlichkeiten etc.) Sorge tragen sollte. Absprachen beider Parteien, Lehrkräfte und polizeiliche Fachkräfte, sollten rechtzeitig erfolgen (mindestens 4 bis 6 Wochen vor Trainingsbeginn).

3.2.1 Durchführung seitens der Schule
Die Lehrkraft muss darüber informiert sein, dass die Zusammenarbeit mit polizeilichen Fachkräften zur Umsetzung des Trainingsmoduls 3 die Durchführung der Trainingsmodule 1, 2 und 4 seitens der Schule voraussetzt. Die Lehrkraft sollte über den zeitlichen Rahmen und die inhaltlichen Vorgaben in Kenntnis gesetzt werden und ihr Einverständnis zur Durchführung der Maßnahme erklären. Die inhaltlichen Vorgaben der entsprechenden Trainingsmodule sind in dem vorliegenden Manual dargestellt und in dieser Form verbindlich.

Die Lehrkraft sollte jeweils 25 bis 30 Minuten Zeit einplanen, um sich auf die Durchführung der jeweiligen Trainingseinheiten vorzubereiten (d.h. eine vorherige Auseinandersetzung mit den betreffenden Trainingsmodulbeschreibungen). Des Weiteren sollte sie alle benötigten Materialien (Arbeitsblätter, Präsentationen etc.) bereithalten. Es sollte darauf geachtet werden, dass die Trainingsmodule zeitlich eng aufeinander bezogen sind (zwischen den einzelnen Trainingsmodulen sollten nicht mehr als 5 bis 7 Tage verstreichen). Ideal wäre, das Programm in der Schule im Rahmen einer Projektwoche bzw. von Projekttagen durchzuführen.

3.2.2 Durchführung durch außerschulische Partner (z. B. Polizei)
Neben Termin, Uhrzeiten und Pausenregelung sollten bei der Einbeziehung von polizeilichen Fachkräften zur Durchführung des Trainingsmoduls 3 wechselseitige Erwartungen und Rollen geklärt werden.

Im Vorgespräch sollte geklärt werden, in welcher Form die Lehrkraft das Trainingsmodul 3, das gegebenenfalls von polizeilichen Fachkräften durchgeführt wird, unterstützen soll. Empfohlen wird, dass die Lehrkraft an der Veranstaltung teilnimmt und disziplinarisch (aber nicht inhaltlich) während der Durchführung eingreifen darf bzw. bei Erfordernis auch sollte. Auch die Rolle der polizeilichen Fachkraft sollte geklärt werden: Er/sie übernimmt zwar in diesen vier Stunden eine Unterrichtstätigkeit, ist aber dennoch als Polizeibeamter/Polizeibeamtin vor Ort. Die damit verbundenen Pflichten, zum Beispiel wenn der Polizeibeamte/die Polizeibeamtin Kenntnis von einer

Straftat erhält (gemäß dem Legalitätsprinzip), sollten der Lehrkraft erläutert werden.

3.3 Strukturelle Empfehlungen
Zur Durchführung des Programms sollte vorab die *Raumgestaltung* geklärt werden. Der Raum sollte genug Platz für einen Stuhlkreis bzw. ein offenes »U« bieten. Die Tische sollten an den Rand gestellt werden können. Sofern von der polizeilichen Fachkraft eine besondere Sitzordnung gewünscht wird, muss dies mit der Lehrkraft zuvor vereinbart worden sein. Insbesondere bei der Durchführung des Trainingsmoduls 3 muss sichergestellt sein, dass ausreichend Platz für Rollenspiele gegeben ist. Eine *Tafel mit Kreide* (alternativ ein *Flipchart* mit ausreichend Papier) sollte vorhanden sein. Zur Umsetzung des Trainingsmoduls 2 wird weiterhin ein *Beamer* oder ein *Smartboard* benötigt, um das verwendete Bildmaterial an die Wand projizieren zu können. Falls der Klassenraum zu klein ist, bietet sich ein Ausweichen in einen Musik-, Sport- oder Mehrzweckraum an.

Bezüglich der Zusammensetzung der Klasse gilt, dass eine heterogene Schülerschaft (z. B. bezüglich der ethnischen Herkunft oder des Alters) durchaus begünstigend sein kann, da Kinder und Jugendliche nicht nur von den Trainerinnen und Trainern (z. B. Lehrkräften, polizeilichen Fachkräften), sondern auch von älteren bzw. weiter entwickelten Kindern und Jugendlichen in der Klasse lernen können. Dieser Peer-to-Peer-Ansatz kommt insbesondere in den Rollenspielen zum Tragen.

3.4 Motivation der Kinder und Jugendlichen
Je nachdem, zu welcher Uhrzeit die Trainingsmaßnahme stattfindet und in welchem Alter die Kinder und Jugendlichen sind, werden die Schülerinnen und Schüler unterschiedlich stark motiviert sein, sich aktiv und gewissenhaft an dem Programm zu beteiligen. Das Trainingsprogramm ist so aufbereitet, dass es interaktiv und motivierend auf die Schülerinnen und Schüler wirken soll. Dennoch wird es Phasen geben, wo die Schülerinnen und Schüler unaufmerksam, unruhig oder schlichtweg müde werden.

Um auf die Stimmung in der Klasse möglichst flexibel reagieren zu können, werden in der Beschreibung der Trainingsmodule an manchen Stellen alternative Vorgehensweisen (Arbeitsblätter für Stillarbeit, Möglichkeiten zur Gruppenarbeit etc.) angeboten. Auf diese Weise kann regulierend auf die Stimmung in der Klasse eingewirkt werden (z. B. wenn die Klasse sehr laut und unruhig ist, ist Stillarbeit mit Arbeitsblättern besser; wenn die Klasse sehr müde wirkt, ist eine aktivierende Übung mit Rollenspiel o. Ä. geeigneter). Auch spricht nichts dagegen, *kurzweilige Übungen* einzustreuen, die sich auf die Motivation und Stimmung der Schülerinnen und Schüler auswirken und beispielsweise ihre Konzentrationsfähigkeit steigern. Sehr gute Übungen, die vordergründig der Motivation dienen, sind beispielsweise in den Materialien von Orbium® enthalten, unter anderem ist das Kartenset »Munterbrechungen« (Groß, 2016) empfehlenswert.[4]

Sollte es einzelne Schülerinnen oder Schüler geben, die stören, beispielsweise ständig miteinander reden, kann es hilfreich sein, diese auseinanderzusetzen. Eine geschickte Art dies zu tun, ohne diesen Schülerinnen bzw. Schülern zu viel individuelle Aufmerksamkeit zu schenken (was ihr störendes Verhalten möglicherweise verstärken würde), besteht darin, einfach die gesamte Sitzordnung der Klasse durch ein Spiel »durcheinanderzuwürfeln« (z. B. indem alle Schülerinnen und Schüler, die bestimmte Merkmale gemeinsam haben, beispielsweise braune Augen oder ein rotes Oberteil, bei entsprechender Ansage möglichst schnell die Plätze tauschen sollen).

3 Vgl. hierzu www.beccaria.

4 Vgl. auch die Internetpräsenz https://www.orbium.de/

4 Durchführung des Programms

Nach Klärung der Rahmenbedingungen kann das Programm durchgeführt werden. Die Durchführungsdauer des Programms beträgt insgesamt 450 Minuten und entspricht somit 10 Schulstunden à 45 Minuten. Das Gesamtprogramm ist in Abbildung 2 dargestellt.

Das vorliegende Manual ist unter anderem mit dem Ziel entwickelt worden, zu einer Einheitlichkeit der Maßnahme in der Umsetzung beizutragen, das heißt, es gibt verbindliche Vorgaben dahingehend, welche Themen mit welcher zeitlichen Schwerpunktsetzung mit den Schülerinnen und Schülern erarbeitet werden sollen. Verbindlich sind die *Inhalte* und die damit verbundenen *Lernziele* des Programms. Auch sollte der vorgegebene *zeitliche Rahmen* zur Erarbeitung der einzelnen Trainingseinheiten weitestgehend eingehalten werden.

Freiräume bestehen hingegen in den Bereichen, die nicht die Inhalte und Lernziele berühren, beispielsweise konkrete Übungen oder Spiele, die alternativ eingesetzt werden können. In diesem Manual wird an einigen Stellen auf alternative Übungen verwiesen.

Nach Beschreibung der konkreten Lernziele des Programms (Abschnitt 4.1) werden die aufeinander aufbauenden Trainingsmodule beschrieben: Trainingsmodul 1 umfasst das Themengebiet »Emotionen« (Abschnitt 4.2), Trainingsmodul 2 thematisiert den Bereich »Kognitionen«, das heißt Denk- und Wahrnehmungsvorgänge im Konfliktfall (Abschnitt 4.3) und Trainingsmodul 3 beinhaltet den handlungsorientierten Programmteil, der bevorzugt von polizeilichen Fachkräften durchgeführt werden sollte (Abschnitt 4.4). Das Programm endet mit Übungen zur Wiederholung und Vertiefung des Gelernten (Abschnitt 4.5).

Trainingsmodul 1: Emotionen (ca. 90 Minuten)

– Einführung und Lernziele der Maßnahme
– Kenntnisse verschiedener Formen von Emotionen
– Erkennen von Emotionen bei sich und anderen
– Die Rolle von Emotionen in sozialen Situationen
– Situationen mit den Augen der anderen sehen

Mit der Durchführung betraut: Lehrkraft

Trainingsmodul 2: Kognitionen (ca. 90 Minuten)

– Wahrnehmung und Interpretation von sozialen Situationen
– Umgang mit Gruppendruck
– Angemessene Formen der Selbstbehauptung

Mit der Durchführung betraut: Lehrkraft

Trainingsmodul 3: Handlungskompetenzen (ca. 180 Minuten)

– Klärung des Gewaltbegriffs
– Verständnis der Dynamik von Konflikten
– Vermittlung von strafrechtlichen Konsequenzen*
– Einübung von Handlungskompetenzen durch Rollenspiele in Bedrohungs- und Provokationssituationen
– Reflexion des Verhaltens in Rollenspielen auf Ebene der Emotionen und Kognitionen

Mit der Durchführung betraut: Lehrkraft oder polizeiliche Präventionsfachkraft
(*bei Einbindung der Polizei)

Trainingsmodul 4: Wiederholung und Vertiefung (ca. 90 Minuten)

– Richtiges Verhalten in Provokations- vs. Bedrohungssituationen, Ich-Botschaften
– Formulierung von verbindlichen Klassenregeln

Mit der Durchführung betraut: Lehrkraft

Abbildung 2: Das aus vier Trainingseinheiten bestehende Programmkonzept

4.1 Lernziele

Durch die Teilnahme an dem Programm sollen die Schülerinnen und Schüler folgende Lernziele erreichen:

1. Die eigenen *Emotionen* besser erkennen (z. B. »Die Schülerinnen und Schüler können Gefühle der Wut von Gefühlen der Angst unterscheiden.«) und auch die Emotionen anderer kompetenter deuten (»Die Schülerinnen und Schüler erkennen verschiedene emotionale Gesichtsausdrücke bzw. sind motivierter, diese zu erkennen.«).

2. In die Lage versetzt werden, besser die *Perspektive* anderer einzunehmen und *mit ihnen zu fühlen* (»z. B. Die Schülerinnen und Schüler sind traurig, wenn ihr Gegenüber traurig ist.«).

3. Soziale Situationen differenzierter zu *interpretieren* (z. B. »Die Schülerinnen und Schüler reduzieren den Anteil feindseliger Zuschreibungen des Verhaltens von Interaktionspartnerinnen bzw. -partnern in sozial mehrdeutigen Situationen.«).

4. *Einstellungen zu reduzieren,* die in Konfliktsituationen wahrscheinlicher zu einer *Eskalation führen* (»Die Schülerinnen und Schüler sind weniger davon überzeugt, dass gewalttätige oder aggressive Verhaltensweisen dazu geeignet sind, mit Konflikten und Provokationen umzugehen.«).

5. *Einstellungen aufzubauen,* die vor gewalttätigen oder aggressiven Verhaltensweisen in Reaktion auf Bedrohungen oder Provokationen *schützen* (»Die Schülerinnen und Schüler sind besser in der Lage, die Perspektive ihres Interaktionspartners/ihrer Interaktionspartnerin einzunehmen.«).

6. *Wissen aufzubauen,* welche Reaktionen auf Bedrohungen oder Provokationen strafrechtlich relevant sind und welche konkreten strafrechtlichen Konsequenzen diese Verhaltensweisen hätten (»Die Schülerinnen und Schüler lernen, dass gewalttätige Verhaltensweisen in Reaktion auf Provokationen oder Bedrohungen riskant sind und dazu führen können, dass sie selbst zum Täter/zur Täterin werden und somit straffällig werden.«). Dieses Lernziel gilt nur, wenn polizeiliche Fachkräfte in die Umsetzung des Programms einbezogen werden.

7. *Regeln* zu akzeptieren und zu vertreten, die einen kompetenten Umgang mit Konflikten auf Ebene der Schulklasse sichern (»Die Schülerinnen und Schüler reagieren weniger aggressiv auf Konflikte mit ihren Mitschülerinnen und Mitschülern.«).

8. Konfliktsituationen angemessener zu *bewerten,* um auf sie *kompetenter* reagieren zu können (»Die Schülerinnen und Schüler lernen, bei Bedrohungssituationen ihre Angstgefühle ernst zu nehmen und sich der Situation – und damit der Gefahr – zu entziehen und in Provokationssituationen mit nahestehenden Personen, zum Beispiel Mitschülerinnen und Mitschülern, ihre Wut zu kontrollieren und lösungsorientiert zu handeln.«).
Im Einzelnen heißt das, dass die Schülerinnen und Schüler lernen …

   – *zwischen Bedrohungssituationen* im öffentlichen Raum (mit Täterinnen oder Tätern, die ihnen wenig oder gar nicht bekannt sind) und Provokationssituationen im Schulumfeld (mit Provokationen, die beispielsweise von anderen Mitschülerinnen und Mitschülern ausgeübt werden) zu *unterscheiden.*

   – in *Bedrohungssituationen* ihre *Angst* wahrzunehmen und den *Rückzug* anzutreten.

   – in *Provokationssituationen* ihre *Wut* wahrzunehmen, ihre Wut zu *kontrollieren* und so zu handeln, dass die Reaktion die Situation entschärft, beispielsweise durch Ignorieren von Beleidigungen oder angemessene Formen der Selbstbehauptung, die der Aufrechterhaltung der Beziehung bzw. der Verbesserung der Beziehung dienen.

   – das Spektrum ihrer wahrgenommenen *Handlungsmöglichkeiten* im Umgang mit Konflikten zu erweitern.

9. In Zusammenarbeit mit der Polizei: Die Schülerinnen und Schüler sollen ihre *Beziehung* zu den polizeilichen Fachkräften und der Polizei als Institution verbessern; und zwar auf Ebene …

   – der Emotionen (»Die Schülerinnen und Schüler entwickeln ein höheres Vertrauen in die Polizeibeamtinnen und -beamten und die Polizei als Institution.«),

   – der Kognitionen (»Die Schülerinnen und Schüler sind stärker davon überzeugt, dass die Polizeibeamtinnen und -beamten und die Polizei als Institution nachvollziehbar und gerecht handeln.«) und

   – des Verhaltens (»Die Schülerinnen und Schüler sind eher bereit, die Polizei zu informieren, wenn sie Kenntnis von Straftaten haben oder Opfer von Straftaten werden.«).

4.2 Trainingsmodul 1: Schwerpunkt Emotionen (Gesamtdauer: circa 90 Minuten)

Mit dieser ersten Trainingseinheit werden folgende Ziele angestrebt:

1. *Erkennen der eigenen Emotionen:* Die Kinder und Jugendlichen lernen, die eigenen Emotionen besser zu erkennen. Sie lernen, physiologische Impulse genauer zu deuten und das damit verbundene Gefühl (Angst, Wut o. Ä.) zu interpretieren.

2. *Erkennen der Emotionen anderer:* Die Kinder und Jugendlichen lernen, die Emotionen anderer, in Mimik und Gestik, zu deuten und werden dafür sensibilisiert, sich mit den Gefühlen anderer auseinanderzusetzen.

3. *Aufbau der Fähigkeit zum Perspektivenwechsel:* Die Kinder und Jugendlichen lernen, sich in andere hinzuversetzen; die Welt mit ihren Augen zu sehen und mit ihnen zu empfinden. Sie verstehen, dass ein Verhalten, das vorschnell als feindselig interpretiert wird, ganz anders gemeint sein kann.

Übersicht über die Übungen des Trainingsmoduls 1: Emotionen

Übung	Dauer (ca.)	Material
A1: Einführung	15 min	keines
A2a: Gefühlspantomime _oder_	25 min	Gefühlskarten, Flipchart oder Tafel, ggf. kleiner Ball
A2b: Gesichtsausdrücke erkennen	20 min	Arbeitsblatt »Gesichtsausdrücke erkennen«
A3: Emotional aufgeladene Situationen	25 min	Arbeitsblatt »Emotional aufgeladene Situationen«
A4a: Letztens im Wald _und/oder_	15 min	Arbeitsblatt »Perspektivenwechsel«, Geschichte »Letzens im Wald«
A4b: Gesagt-Gehört-Gemalt	25 min	Postkarten, Kunstdrucke o. Ä.
		Gesamtdauer: circa 90 Minuten

Zu Beginn der Veranstaltung werden die Schülerinnen und Schüler über das Ziel und die Rahmenbedingungen des Trainingsprogramms informiert. Nachfolgendes Intro kann dabei als Einführung herangezogen werden.

Intro zur Erläuterung vor der Klasse:

In eurem Schulalltag erlebt ihr häufig Situationen, in denen ihr euch ärgert oder sogar manchmal auch Angst habt. Jemand ärgert euch, bedroht euch oder versucht euch zu zwingen, etwas zu tun, was ihr nicht wollt. Mit solchen Konflikt- oder Bedrohungssituationen umzugehen, ist für viele Kinder und Jugendliche sehr schwer. In den kommenden Tagen (oder Wochen) werden wir (ggf. zusammen mit Herrn/ Frau XY von der Polizei) Übungen durchführen, die euch dabei helfen sollen, besser mit solchen Situationen umzugehen.

Dafür ist es wichtig, genau zu verstehen, wie man sich in einer solchen Situation fühlt, welche Gedanken einem durch den Kopf gehen und welche Möglichkeiten man hat, darauf zu reagieren. Damit werden wir uns insgesamt an vier Terminen, einschließlich heute, beschäftigen.

4.2.1 Emotionen bei sich und anderen erkennen

Diese Einheit dient folgenden Zielen:

1. *Kennenlernen und Unterscheiden verschiedener Emotionen:* Die Kinder und Jugendlichen lernen, die wichtigsten Emotionen (Freude, Ärger, Traurigkeit, Angst) bei sich selbst zu erkennen und voneinander zu unterscheiden.
2. *Verstehen des Zusammenhangs von Auslöser und Emotion:* Die Kinder und Jugendlichen stellen eine Verbindung her zwischen auslösenden Prozessen in der Umwelt und den Emotionen, die sie selbst erleben.
3. *Deuten des Ausdrucks der Emotionen anderer:* Die Kinder und Jugendlichen lernen, die Emotionen anderer anhand des Gesichtsausdrucks und des Verhaltens zu deuten bzw. werden dafür sensibilisiert, sich mit den Emotionen anderer auseinanderzusetzen.

Übung A1: Einführung

Ziel: Einführung in das Thema Emotionen. Kennenlernen verschiedener Emotionen. Erkennen, dass diese Auslöser haben und auf verschiedenen Ebenen wirken (körperlich, im Verhalten, in den Gedanken)

Vorbereitung und Material: keine

Sitzordnung: Kleingruppentische (4–6 Schülerinnen und Schüler) oder nach vorne offener Stuhlkreis

Optimale Gruppengröße: 5 bis 35 Schülerinnen und Schüler (Klein- und Großgruppen)

Praktisches Vorgehen für die Lehrkraft

Erklären Sie den Schülerinnen und Schülern, dass es zu Beginn der Veranstaltung um das Thema Gefühle gehen wird. Fragen Sie die Schülerinnen und Schüler: »Was sind die wichtigsten Gefühle, die ihr kennt?« Schreiben Sie die Antworten an die Tafel.

Mögliche Lösung: Freude oder Glücklichsein, Angst, Ärger (oder Wut), Überraschung, Traurigkeit etc.

Fragen Sie weiter: »Denkt einmal an die letzte Situation, als ihr beispielsweise wütend wart. Woran habt ihr eure Wut gemerkt? Was hat dazu geführt, dass ihr wütend wart?« Fragen Sie auch andere wichtige Gefühle ab (Was hat euch zuletzt glücklich oder traurig gemacht?).

Geben Sie gegebenenfalls Unterstützung durch Benennung beispielhafter Situationen, die Emotionen auslösen: Was fühlt und denkt ihr,

- … wenn jemand etwas Gemeines zu euch sagt?
- … wenn ihr eine schlechte Note in der Schule schreibt?
- … wenn ihr einen unheimlichen Film seht?
- … wenn euer Geburtstag bevorsteht und ihr am Abend vorher daran denkt?

Wichtig ist, dass Sie die Kinder/Jugendlichen dabei nicht korrigieren. Manche Kinder/Jugendlichen werden beispielsweise bei einer schlechten Note traurig sein, andere werden sich ärgern, da die Kinder/Jugendlichen die Situationen ganz unterschiedlich interpretieren (Traurigkeit entsteht möglicherweise durch die Wahrnehmung, dass alles, was der Schüler/die Schülerin tut, umsonst ist; Ärger entsteht hingegen eher bei der Selbsterkenntnis des Schülers/der Schülerin, dass er oder sie nicht genug gelernt hat). Fragen Sie konkret nach, wie es sich angefühlt hat, als die Schülerinnen/Schüler traurig, wütend oder fröhlich waren. Fordern Sie sie auf, genau zu beschreiben, wie ihr Körper darauf reagiert, gegebenenfalls auch mit bildhaften Beschreibungen (Kloß im Hals; Wärme, die im Körper hochsteigt; der Kopf wird rot vor Wut).

Fassen Sie nach Sammlung verschiedener Antworten der Schülerinnen und Schüler die Aussagen wie im unten dargestellten Fazit zusammen.

Fazit Übung A1

Ihr habt nun gesehen, dass es konkrete Auslöser gibt, die bei uns Gefühle hervorrufen, beispielsweise wenn euch jemand schubst oder jemand etwas sagt, das euch ärgert. Entscheidend dabei ist aber, dass das Gefühl davon abhängt, wie wir das Erlebte bewerten. So seid ihr sicherlich nur dann ärgerlich, wenn jemand euch mit Absicht geschubst hat. Gefühle spürt ihr auch daran, dass sich etwas im Körper verändert: Ihr spürt plötzlich euren Herzschlag ganz laut und schnell oder beginnt zu schwitzen. Ihr habt das Gefühl, ihr wollt am liebsten weglaufen oder euer Gegenüber anschreien. Das heißt, Gefühle lösen bei euch bestimmte körperliche Symptome aus, bestimmte Gedanken und Verhaltensweisen.

Ich möchte nun mit euch eine Übung machen, in der ihr sehen werdet, dass es auch schwierig sein kann, die richtige Emotion bei anderen zu entschlüsseln und sich in die andere Person hineinzuversetzen. Dafür werden wir verschiedene Gefühle darstellen und versuchen, uns in die andere Person und ihre Gefühle hineinzudenken.

Übung A2a: Gefühlspantomime

Information: Übung A2a eignet sich insbesondere, wenn die Gruppe ruhig und konzentriert mitarbeitet, aber auch, wenn sie etwas »schläfrig« wirkt. Alternativ kann Übung A2b »Gesichtsausdrücke erkennen« durchgeführt werden.

Ziel: Gefühle erkennen; Verständnis für die physiologischen Prozesse, die mit Emotionen einhergehen; typische Situationen und Gedanken reflektieren

Vorbereitung und Material: Gefühlskarten aus der Vorlage ausschneiden (Anhang Abschnitt 7.1, S. 64), Flipchart oder Tafel, gegebenenfalls ein kleiner Ball

Sitzordnung: Kleingruppentische (4–6 Schülerinnen und Schüler) oder nach vorne offener Stuhlkreis

Optimale Gruppengröße: 5 bis 35 Schülerinnen und Schüler (Klein- und Großgruppen)

Praktisches Vorgehen für die Lehrkraft

Knüpfen Sie an die vorhergehende Übung an, bei der Sie mit den Kindern und Jugendlichen bereits unterschiedliche Gefühle benannt haben. Erklären Sie, dass es nun darum geht, Gefühle zu erkennen. Hierfür soll jeweils ein Schüler/eine Schülerin eine Gefühlskarte ziehen und das auf der Karte beschriebene Gefühl pantomimisch (d. h. ohne verbale Äußerung) darstellen. Werfen Sie einer Schülerin/einem Schüler den Ball zu; diese Person beginnt. Bitten Sie die anderen Schülerinnen und Schüler, das dargestellte Gefühl zu erraten. Im Anschluss wirft der Schüler/die Schülerin den Ball an eine andere Person, die dann wiederum eine Gefühlskarte zieht. Wiederholen Sie dieses Vorgehen, bis alle Gefühlskarten einmal vorgestellt wurden.

Stellen Sie nun alle unten aufgeführten Reflexionsfragen:

- An alle: Woran habt ihr das Gefühl erkannt (Gesichtsausdruck, Haltung etc.)?
- Was fühlen wir, wenn wir traurig, ärgerlich etc. sind oder wenn wir Angst haben?
- Wo spüren wir dieses Gefühl im Körper?
- Was geht uns dabei durch den Kopf?
- Was möchten wir am liebsten in diesem Moment tun?

Halten Sie die Antworten (jeweils 1–2 Stichpunkte) an der Tafel/Flipchart fest. Unterscheiden Sie dabei, woran das Gefühl von anderen erkannt werden kann (»andere«) und woran man das Gefühl selbst spürt (»selbst«). Folgendes Tafelschema bietet sich an (vgl. Tabelle 1):

Tabelle 1: Tafelschema zu den Reflexionsfragen (Beispiellösungen sind *kursiv* eingetragen)

Erkennbar	Freude	Trauer	Ärger
selbst	– *warmes Gefühl im Bauch* – *Gefühl der Offenheit* – *»Alles ist gut«*	– *Gefühl der Schwere* – *»Kloß im Hals«* – *schweres Schlucken und Atmen* – *Gefühl des »Verschließens«*	– *»Wut, die in mir hochsteigt«* – *Gefühl von aufsteigender Hitze* – *»Rauschen im Kopf«* – *blitzartige Gedanken der Vergeltung*
andere	– *Gesicht wirkt entspannt, lächeln* – *Person ist einem zugewandt, offen*	– *Mundwinkel gehen nach unten* – *hängende Schultern* – *Mensch macht sich »klein«*	– *verspanntes Gesicht, »guckt böse«* – *Haltung nach vorne, wie zum Angriff* – *geballte Fäuste*

Erkennbar	Angst	Überraschung	Ekel
selbst	– *»Herz schlägt bis zum Hals«* – *Gefühl der Kälte* – *Gefühl des Zurückweichens*	– *Gefühl der Aufregung und Nervosität* – *Unsicherheit*	– *sich schütteln* – *reflexartiges Zurückweichen*
andere	– *große, weite Augen* – *Person weicht zurück* – *defensive Haltung*	– *große, weite Augen* – *geöffneter Mund* – *neugierig, gespannt*	– *Nase rümpfen* – *Person weicht zurück*

Übung A2b: Gesichtsausdrücke erkennen

Information: Diese Übung kann alternativ zu Übung A2a durchgeführt werden. Übung A2b eignet sich insbesondere, wenn die Gruppe unruhig ist und Stillarbeit vorzuziehen ist.

Ziel: Gefühle erkennen; typische Gedanken reflektieren

Vorbereitung und Material: Arbeitsblatt mit Gefühls- bildern (Anhang Abschnitt 7.2, S. 65), in Anzahl der Schülerinnen und Schüler kopieren; Schülerinnen und Schüler benötigen einen Stift

Sitzordnung: nicht relevant

Optimale Gruppengröße: nicht relevant

Praktisches Vorgehen für die Lehrkraft

Geben Sie jedem Schüler/jeder Schülerin das Arbeits- blatt mit den Gefühlsbildern. Fordern Sie Ihre Schü- lerinnen und Schüler auf, bei jedem Bild zu erraten, um welches Gefühl es sich handelt und dieses Gefühl in das dazugehörige Feld zu schreiben.

Fragen zur Auswertung: Wenn alle Schülerinnen und Schüler fertig sind, machen Sie die Auflösung und stellen folgende Reflexionsfragen zu jedem Bild:
- Woran habt ihr erkannt, dass das Mädchen dieses Gefühl hat?

Lösungen:

Bild A = Ekel: gerümpfte Nase, angehobene Oberlippe

Bild B = Freude: Wangen und Mundwinkel nach oben, Augen mit »Lachfältchen«

Bild C = Angst: Augen sehr weit offen, »schreckge- weitet«, angehobene Augenbrauen, Lippen ziehen nach hinten

Bild D = Trauer: nach unten gezogene Mund- und Augenwinkel

Bild E = Überraschung: Augen weit offen (nicht ganz so weit wie bei Angst), offener Mund

Bild F = Ärger/Wut: Augenbrauen zusammengezo- gen, Zornesfalte, Lippen aufeinandergepresst
- Welcher Satz geht dem Mädchen wohl gerade durch den Kopf:

Lösungsmöglichkeiten:

Bild A = Ekel: »Igitt, das schmeckt scheußlich.«

Bild B = Freude: »Mir geht es so gut.«

Bild C = Angst: »Ich will hier schnell weg.«

Bild D = Trauer: »Ich könnte weinen, so traurig bin ich.«

Bild E = Überraschung: »Wie bitte? Das kann ich gar nicht glauben.«

Bild F = Ärger/Wut: »Das ist unfair. Das mache ich nicht mit!«

Ziel: Gefühle aus der Situation heraus erkennen; Verständnis für die physiologischen und kognitiven Prozesse, die mit Emotionen einhergehen, schaffen

Vorbereitung und Material: Arbeitsblatt im Anhang (Abschnitt 7.3, S. 66) in Anzahl der Schülerinnen und Schüler kopieren und bereithalten. Die Schülerinnen und Schüler brauchen Stifte.

Sitzordnung: nicht relevant

Optimale Gruppengröße: 5 bis 35 Schülerinnen und Schüler (Klein- und Großgruppen)

Praktisches Vorgehen für die Lehrkraft

Verteilen Sie die Arbeitsblätter und fordern Sie die Schülerinnen und Schüler auf, sich jede Situation durchzulesen und dann in dem Feld daneben einzutragen, welches Gefühl das Mädchen wohl am ehesten empfindet und woran sie das in der Situationsbeschreibung erkannt haben (in Stichpunkten).

Wenn die Schülerinnen und Schüler fertig sind, lösen Sie die Aufgabe auf. Beispiele für mögliche Lösungen sind in Tabelle 2 dargestellt. Ziehen Sie am Ende der letzten Übung ein Fazit.

Tabelle 2: Mögliche Lösungen (kursiv) zum Arbeitsblatt Übung A3 (Abschnitt 7.3, S. 66)

Situation	Gefühl
Lara geht von der Schule nach Hause. Auf dem Weg kommt ihr ein Fußgänger mit einem Hund entgegen. Lara sieht, dass der Hund nicht an der Leine ist. Als sie vorbeilaufen möchte, fängt der Hund an zu bellen und springt auf Lara zu. Lara zuckt zusammen und macht drei Schritte zurück. Der Fußgänger ruft den Hund zurück.	*Angst* *– zusammenzucken* *– zurückweichen*
Lara kann nach einer längeren Verletzungspause endlich wieder am Handballtraining teilnehmen. Als sie in die Umkleidekabine kommt, umarmen sie ihre Mannschaftskameradinnen. Lara denkt: »Ach, das ist nett!«	*Freude* *– Suche nach Nähe, Umarmung* *– positive Gedanken (allerdings nicht beobachtbar)*
Die ganzen Herbstferien hat Lara für den Biologietest gelernt. Als sie nun vor der Klassenarbeit sitzt und auf das Aufgabenblatt schaut, bemerkt sie, dass die Lehrerin Themen abfragt, die Lara nicht gelernt hat. Sie denkt: »Diese Themen haben wir im Unterricht bisher gar nicht behandelt.« Sie beginnt zu zittern und ihr Herz schlägt bis zum Hals. Sie steht auf und verlässt das Klassenzimmer.	*Angst und/oder Wut* *beide Gefühle äußern sich ähnlich (Zittern, Herzklopfen)* *verschiedene Interpretationen möglich:* *Dass Lara das Klassenzimmer verlässt, könnte mit Wut oder Angst zu tun haben:* *Angst, weil ihr das Wissen für die Aufgaben fehlt und sie nun wahrscheinlich eine schlechte Note bekommt,* *Wut, weil sie möglicherweise denkt, dass sie so viel gelernt hat und dieses Lernen nun umsonst war.*
Lara kann ihren Lieblingsstift in ihrer Federtasche nicht finden. In der Pause bemerkt sie, dass ihr Stift auf Annes Tisch liegt. Lara denkt: »Mensch, schon wieder hat sich Anne einfach meine Sachen genommen, ohne vorher zu fragen!« Mit energischem Schritt geht sie zu Annes Tisch, um sich den Stift zurückzuholen.	*Wut* *– energischer Schritt* *– wütende Gedanken, Schuldzuweisung (allerdings nicht beobachtbar)*

Fazit Übung A3

Ihr habt nun gesehen, dass Gefühle – wenn wir uns Mühe geben – recht gut erkannt werden können. Manchmal haben wir vielleicht nur nicht viel Zeit oder können uns nicht nur auf eine Person und ihr Gefühl konzentrieren. In einem Streit ist es deshalb besonders wichtig, dass ihr lernt, eure eigenen Gefühle und die Gefühle anderer zu erkennen und versucht, nicht vorschnell jemandem die Schuld für etwas zu geben.

Dafür ist es wichtig, dass wir uns in andere Menschen hineinversetzen und versuchen, die Welt mit seinen oder ihren Augen zu sehen. Das wollen wir mit den nächsten Aufgaben etwas üben.

4.2.2 Perspektivenwechsel

Mit dieser Trainingseinheit werden folgende Ziele verfolgt:

1. *Verstehen, dass andere die Welt anders sehen können als man selbst:* Die Kinder und Jugendlichen lernen, die Perspektive anderer einzunehmen. Sie bauen ein Verständnis dafür auf, dass dieselbe Situation sich aus Sicht einer anderen Person anders darstellen kann.

2. *Motivation, sich in andere hineinzuversetzen:* Die Kinder und Jugendlichen werden dazu motiviert, sich in die Gefühle und Gedanken anderer hineinzuversetzen.

Übung A4a: Letztens im Wald

Übung »Jeder hat seine eigene Meinung, Rotkäppchen und der böse Wolf«. © Innerchoice Publishing (http://www.innerchoicepublishing.com/)
Alternative: Übung A4b Gehört-Gemalt-Gesehen (nachfolgende Übung)

Ziel: die Welt mit den Augen des/der anderen sehen (Perspektivenwechsel)
Vorbereitung und Material: Geschichte »Letztens im Wald« einmal ausdrucken bzw. kopieren (siehe Anhang Abschnitt 7.4, S. 67)
Sitzordnung: nach Wahl
Optimale Gruppengröße: 5 bis 35 Schülerinnen und Schüler

Praktisches Vorgehen für die Lehrkraft
Kündigen Sie den Schülerinnen und Schülern an, dass sie nun gemeinsam eine Geschichte lesen werden. Bitten Sie gegebenenfalls einen Schüler/eine Schülerin, die Geschichte (Anhang Abschnitt 7.4, S. 67) vorzulesen. Es ist gegebenenfalls auch ausreichend, nur die erste Passage vorzulesen, da die Geschichte typischerweise sofort erkannt und die Botschaft bereits hier deutlich wird.

Fragen Sie nun die Schülerinnen und Schüler: »Wem von euch kam die Geschichte bekannt vor?«

Stellen Sie anschließend im Plenum folgende Reflexionsfragen:

– Wo waren die Unterschiede zur Originalgeschichte? (Lösung: Erzählung aus einer anderen Perspektive: Die Geschichte wird aus Sicht des Wolfs – und nicht Rotkäppchens – erzählt.)
– Was glaubt ihr, will uns diese Geschichte sagen? (Lösung: Die gleiche Situation kann von verschiedenen Personen ganz unterschiedlich wahrgenommen und interpretiert werden.)

Die Übung »Gesagt-Gehört-Gemalt« kann alternativ oder zusätzlich (wenn die Zeit reicht) durchgeführt werden.

Übung A4b: Gesagt-Gehört-Gemalt

Information: Alternative oder zusätzliche Übung zu A4a, wenn die Zeit noch ausreicht.
Entnommen aus: Ulrich, S. (2006). Achtung (+) Toleranz. Wege demokratischer Konfliktregelung. Praxishandbuch für die politische Bildung (2. Aufl.). Gütersloh: Verlag Bertelsmann Stiftung. ISBN: 978-3-89204-823-7

Ziel: Vertiefung der Fähigkeit, die Welt mit den Augen des/der anderen zu sehen (Perspektivenfähigkeit)

Vorbereitung und Material: Postkarten (z. B. Kunstdrucke o. Ä.) mitbringen; es reichen auch 2–3 Motive, die für die Hälfte der Schüler/-innen vervielfältigt werden
Sitzordnung: Die Schülerinnen und Schüler sollen sich Rücken an Rücken setzen können (paarweise), wobei ein Schüler/eine Schülerin am Tisch sitzen muss. Die Schülerinnen und Schüler benötigen Stifte
Optimale Gruppengröße: 6 bis 34 Schülerinnen und Schüler (bei ungerader Anzahl springt Lehrkraft mit ein)

Praktisches Vorgehen für die Lehrkraft

Teilen Sie durch Abzählen (»1« / »2«) der Schülerinnen und Schüler die Klasse in zwei Gruppen auf. Im Anschluss bitten Sie alle mit der Nummer »1«, sich ein Bild/eine Postkarte vorne abzuholen und sich eine »2« als Partner/-in zu suchen. Fordern Sie die Partnerinnen/Partner auf, sich einen Tisch zu suchen, sodass die »2« den Tisch vor sich hat und die »1« Rücken an Rücken zur »2« sitzt. Lassen Sie nun die Schülerinnen und Schüler mit der Nummer »1« ihrem jeweiligen Partner/ihrer jeweiligen Partnerin erklären, was auf dem Bild

zu sehen ist. Aufgabe der Schülerinnen und Schüler mit Nummer »2« ist es, das Bild – ohne es selbst zu sehen – nachzumalen, allerdings darf er/sie dabei nicht sprechen.

Stellen Sie nach circa 15 Minuten im Plenum folgende Reflexionsfragen:
– Wie ähnlich sind sich die beiden Bilder?
– Wie haben die Schülerinnen und Schüler die Aufgabe erlebt?
– Wie war es, »einseitig« zu kommunizieren?
– Wie gut gelang es, durch die Augen des/der anderen zu sehen?

Fazit Übung A4a/A4b

Ihr habt gemerkt, dass man sich häufig viel zu wenig Gedanken darüber macht, ob man eine Situation auch aus einer anderen Sicht betrachten kann. Auch wenn zwei Menschen in der gleichen Situation sind und das Gleiche sehen, können sie die Dinge anders wahrnehmen, anders bewerten und andere Gefühle entwickeln. Wenn ihr euch in andere Menschen hineinversetzt, die Welt also mit ihren Augen seht, dann versteht ihr oft ihr Verhalten besser und habt mehr Verständnis für sie. Diese Fähigkeit ist gerade in Konflikten sehr wichtig. Wenn ihr heute nach Hause geht, achtet einmal ganz besonders auf eure Gefühle, aber auch darauf, wie es euren Eltern oder Geschwistern geht.

4.3 Trainingsmodul 2: Schwerpunkt Kognitionen (Gesamtdauer: circa 90 Minuten)

Mit dieser Trainingseinheit werden folgende Ziele angestrebt:

1. *Verbesserung der Wahrnehmungsgenauigkeit:* Die Kinder und Jugendlichen lernen, ihre Umgebung genauer wahrzunehmen. Sie lernen, dass sie eine Situation nie vollständig wahrnehmen können, sondern ihre Wahrnehmung immer eine Folge von Selektion ist.

2. *Abbau von feindseligen Interpretationen:* Die Kinder und Jugendlichen lernen, Konfliktsituationen offener zu interpretieren und alternative Erklärungen zuzulassen. Die Neigung, dem Gegenüber in Konflikten vorschnell feindselige Absichten zu unterstellen, wird reduziert.

3. *Umgang mit Gruppendruck:* Die Kinder und Jugendlichen lernen sich zu behaupten. Sie lernen »Nein« zu sagen, auch in Situationen, in denen Gleichaltrige auf sie Druck ausüben.

Übersicht über die Übungen des Trainingsmoduls 2: Kognitionen

Übung	Dauer (ca.)	Material
B1: Wahrnehmung	10 min	Postkarten, Kunstdrucke o. Ä.
B2a: Voreiliges Schlussfolgern (ab Klasse 5) oder	25 min	PDF-Datei Übung B1
B2b: Voreiliges Schlussfolgern (ab Klasse 9)	25 min	PDF-Datei Übung B2a, Regelkärtchen
B3: Sich selbst behaupten: »Ja-Nein«	10 min	PDF-Datei Übung B2b; Regelkärtchen
B4a: Rollenspiel Gruppendruck »Rad oder nicht Rad« und/oder	30 min	keines
B4b: Gesagt-Gehört-Gemalt	15 min	Rollenspielkärtchen (Variante A und B); Arbeitsblatt für Zuschauerinnen und Zuschauer
		Gesamtdauer: circa 90 Minuten

> **Einführung zur Erläuterung vor der Klasse**
>
> In der heutigen Doppelstunde werden wir uns mit der Wahrnehmung und Bewertung von verschiedenen Situationen beschäftigen. Für ein angemessenes Verhalten in Konfliktsituationen ist es sehr wichtig, die Situation richtig einschätzen und beurteilen zu können. Wenn Konflikte auftreten, sind häufig auch andere Schülerinnen und Schüler dabei, die euch in eurem Verhalten möglicherweise beeinflussen. Aus diesem Grund werden wir heute auch Übungen dazu machen, wie ihr in solchen Situationen »besser« bei euch bleibt und euch – ohne aggressiv zu werden – behaupten könnt.
>
> Wir beginnen mit einer kleinen Übung zur Schärfung eurer Wahrnehmung.

4.3.1 Abbau feindseliger Ursachenzuschreibungen in sozialen Situationen

Mit dieser Trainingseinheit werden im Einzelnen folgende Ziele verfolgt:

1. *Schärfung der Wahrnehmung:* Die Kinder und Jugendlichen verstehen, dass sie in einer Situation immer nur einen Teil dessen, was in der Umgebung passiert, wahrnehmen.

2. *Motivation zur Offenheit in der Wahrnehmung von sozialen Situationen:* Die Kinder und Jugendlichen werden dazu motiviert, in mehrdeutigen Situationen nachzufragen, um die Situation nicht vorschnell zu beurteilen.

3. *Abbau von feindseligen Zuschreibungen in sozialen Situationen:* Die Kinder und Jugendlichen lernen in sozialen Situationen, offener zu werden und bei Konflikten von vorschnellen Schuldzuweisungen abzusehen.

Übung B1: Wahrnehmung

Quelle: Arbeitsgruppe Neuropsychologie, Metakognitives Training, Universitätsklinikum Hamburg-Eppendorf, vgl. Moritz, S., Woodward, T. S., Metacognition Study Group (2018). Metakognitives Training für Psychose (MKT) (6. Aufl.). Hamburg: VanHam Campus Press. Kostenloser Download über www.uke.de/mct
Bilder (Illustrationen): Ximena Del Villar Derpsch

Ziel: Wahrnehmung schärfen
Vorbereitung und Material: Bilderpräsentation (Downloadbereich): Übung B1 (bis Folie 14); Beamer; Laptop (Alternativ: vorheriger Ausdruck der PDF auf Folien zur Nutzung mit Overheadprojektor). Zur Vorbereitung und Ansicht sind die Folien im Anhang dargestellt (Abschnitt 7.5, S. 68 f.)
Sitzordnung: nach Wahl (wichtig ist, dass alle Schülerinnen und Schüler nach vorne sehen können)
Optimale Gruppengröße: 5 bis 35 Schülerinnen und Schüler (Klein- und Großgruppen)

Praktisches Vorgehen für die Lehrkraft

Leiten Sie die Übung ein: »Im Folgenden üben wir gemeinsam, wie man Situationen ganz genau wahrnehmen und richtig einschätzen kann. Denn dies ist ein wichtiger Schritt, um mit Konfliktsituationen richtig umgehen zu können.«

Beginnen Sie mit der Präsentation des ersten Bildes. Fordern Sie die Schülerinnen und Schüler auf, das Bild genau zu betrachten und sich die abgebildeten Gegenstände und Personen einzuprägen, um kurz darauf Fragen zu dem Bild beantworten zu können. Anschließend klicken Sie die nächste Folie an (Bild verschwindet, mögliche Antwortalternativen erscheinen). Fragen Sie die Schülerinnen und Schüler: »Was war *nicht* auf dem Bild zu sehen?« Bitten Sie sie, diejenigen Begriffe auszuwählen, die *nicht* auf dem zuvor gezeigten Bild zu sehen waren (vgl. Tabelle 3). Anschließend zeigen Sie die korrekte Lösung und das Bild. Wiederholen Sie diese Übung mit allen vier Bildern (Kiosk, Garten, Kreuzung, Spielplatz).

Tabelle 3: Lösung zu Übung B1 (die unterstrichenen Wörter waren nicht zu sehen)

1. Bild (Kiosk):	2. Bild (Garten)	3. Bild (Kreuzung)	4. Bild (Spielplatz)
Kiosk-Schild	Gießkanne	Autos	Rutsche
Wurst	Sonnenblumen	Polizist	Karussell
Papierkorb	Beet	Kind auf Fahrrad	Drachen
Bank	Baum	alte Dame	Skateboard
Fahnen	Spaten	grüne Ampel	Ball
Preisschilder	Harke	Zebrastreifen	Bäume
Flaschen	Gartenschlauch	Stoppschild	Schaukel
Verkäufer		Stadtsilhouette	Spielzeug
			Sandkasten

Kurzes Fazit Übung B1 (Überleitung zu Übung B2a oder B2b)

In einer Situation können wir nicht immer alles wahrnehmen. Vieles geht an uns vorbei, weil wir darauf möglicherweise nicht geachtet haben, zum Beispiel weil es uns nicht wichtig erschien oder wir abgelenkt sind. Das gilt umso mehr, wenn wir in eine Situation geraten, die wir nicht einordnen können, weil wir nicht genug Informationen haben. Genau dazu machen wir nun noch eine Übung.

Übung B2: Voreiliges Schlussfolgern

Übung B2a: Material ab Klasse 5
Quelle: Janine Neuhaus, Hochschule für Wirtschaft und Recht, in Zusammenarbeit mit der Landeskommission Berlin gegen Gewalt
Bilder (Illustrationen): Alina Marie Gärtig, Lebensfahrt Fotografie & Illustration

Übung B2b: Material ab Klasse 9 und Rollenkärtchen
Entnommen aus: Metakognitives Training, Arbeitsgruppe Neuropsychologie, Metakognitives Training, Universitätsklinikum Hamburg-Eppendorf, vgl. Moritz, S., Woodward, T. S., Metacognition Study Group (2018). Metakognitives Training für Psychose (MKT) (6. Aufl.). Hamburg: VanHam Campus Press. Kostenloser Download über www.uke.de/mct
Bilder (Illustrationen): Kristin Fischer (»Hunde/Boot«, »Tisch«), Janne Hottenrott (»Nachbars Hund«)

Ziel: Die Schülerinnen und Schüler sollen erkennen, dass es in vielen Situationen besser ist, erst abzuwarten oder nachzufragen und keine voreiligen Schlüsse zu ziehen, da sich die ersten Annahmen nicht immer als richtig erweisen.

Vorbereitung und Material: Bilderpräsentation Übung B2 »Wahrnehmung« (Downloadbereich): Es kann ausgewählt werden zwischen Übung B2a (ab Klasse 5, siehe Abschnitt 7.6) und B2b (ab Klasse 9, siehe Abschnitt 7.7); Beamer, Laptop, gegebenenfalls Smartboard; Regelkärtchen (in Anzahl der Schülerinnen und Schüler kopieren und ausschneiden; Anlage Abschnitt 7.8).

Sitzordnung: nach Wahl (wichtig ist, dass alle Schüler/-innen nach vorne sehen können)

Optimale Gruppengröße: 5 bis 35 Schülerinnen und Schüler (Klein- und Großgruppen)

Praktisches Vorgehen für die Lehrkraft
Beziehen Sie sich noch einmal auf die vorhergehende Übung: »Ihr habt nun gesehen, dass es gar nicht so einfach ist, in einer Situation alles ganz genau wahrzunehmen und zu erfassen. Das echte Leben ist sogar noch schwieriger, denn oft wissen wir gar nicht genau, wie es zu einer Situation gekommen ist, weil wir nicht die ganze Zeit dabei waren. Ich möchte nun mit euch eine weitere Übung machen.«

Leiten Sie die Übung ein: »Ihr werdet nun verschiedene Bildergeschichten sehen. Jede Geschichte besteht aus drei Bildern. Bitte überlegt euch zu jedem Bild, was zu dieser Situation geführt hat: Was glaubt ihr ist vorher passiert?« (Anmerkung: In den Folien stehen Texte zur Einleitung und zum Fazit).

Übung B2a: Voreiliges Schlussfolgern (ab Klasse 5)
Zeigen Sie den Schülerinnen und Schülern das Bild der ersten Folie (Übung B2a, PDF-Datei: Situation »Vase«). Geben Sie ihnen kurz Zeit, sich das Bild anzuschauen und fordern Sie sie dann auf, zu überlegen, was zuvor geschehen sein könnte. Lassen Sie die Schülerinnen

und Schüler ihre Vermutungen nennen. Geben Sie anschließend die verschiedenen Antwortmöglichkeiten vor und bitten Sie die Schülerinnen und Schüler anzugeben, welche Antwort sie für am wahrscheinlichsten halten. Wiederholen Sie diesen Vorgang mit dem zweiten und darauffolgend mit dem dritten Bild. Die Schülerinnen und Schüler können bei ihrer ersten Meinung bleiben, oder ihre Meinung – nun, wo sie mehr Informationen über die Situation erhalten haben – noch einmal ändern. Am Ende jeder Bilderserie lösen Sie auf (die richtige Antwort ist in den Folien jeweils fett markiert, siehe auch Tabelle 4). Besprechen Sie am Ende dieser Übung das Fazit, das auch in den Folien steht (am Ende der Übung B2b).

Auf Wunsch können auch nur drei bis vier (der fünf möglichen) Situationen bearbeitet werden.

Tabelle 4: Lösungen Übung B2a (richtige Lösung fett markiert)

1. Bilderserie (Vase)	2. Bilderserie (Zeugnis)	3. Bilderserie (Verletzung)
1. Der Vater schimpft mit dem Jungen, weil er die Vase mit seinem Ball von der Kommode geschossen hat. **2. Die Katze hat die Vase von der Kommode gestoßen und schleicht davon.** 3. Der Vater hat die Vase vor Wut von der Kommode gestoßen. 4. Der Junge hat die Vase von der Kommode gestoßen, weil der Vater ihm verboten hat, draußen Fußball zu spielen.	1. Das Mädchen weint vor Kummer, weil sein Zeugnis so schlecht ausgefallen ist. **2. Das Mädchen weint vor Freude, weil es ein sehr gutes Zeugnis bekommen hat.** 3. Das Mädchen umarmt seinen Vater und weint, weil es ihn nach Jahren das erste Mal wiedersieht. 4. Das Mädchen entschuldigt sich bei seinem Vater, weil es zu spät gekommen ist.	1. Das eine Kind hat das andere geschubst und rennt weg. 2. Der Junge ist von Jugendlichen geschlagen worden, das andere Kind läuft aus Angst weg. 3. Das Kind rennt einem anderen hinterher, der dem Jungen wehgetan hat. **4. Der Junge hatte einen Unfall und ein Kind holt Hilfe.**
4. Bilderserie (Schulhof)	5. Bilderserie (Handy)	
1. Das Mädchen lacht den Jungen aus, weil es seine Mütze albern findet. **2. Das Mädchen lacht über etwas, das es auf dem Pausenhof sieht.** 3. Das Mädchen lacht, weil es dieselbe Mütze auch hat. 4. Der Junge hat einen Witz erzählt, über den das Mädchen lacht.	1. Der Feueralarm ist angegangen und das Mädchen hat sich erschreckt. 2. Die Lehrerin ist erbost, weil die Pausenglocke zu früh läutet. 3. Die Lehrerin schimpft mit dem Mädchen, weil es während des Unterrichts mit dem Handy spielt. **4. Ein Mitschüler spielt dem Mädchen einen Streich und das Mädchen wird zu Unrecht beschuldigt.**	

Übung B2b: Voreiliges Schlussfolgern (ab Klasse 9)

Zeigen Sie den Schülerinnen und Schülern das Bild der ersten Folie (Übung B2b, PDF-Datei: Situation »Hunde/Boot«). Geben Sie ihnen kurz Zeit, sich das Bild anzuschauen und fordern Sie sie dann auf, zu überlegen, was zuvor geschehen sein könnte. Lassen Sie die Schülerinnen und Schüler ihre Vermutungen nennen. Geben Sie anschließend die verschiedenen Antwortmöglichkeiten vor und bitten Sie die Schülerinnen und Schüler anzugeben, welche Antwort sie für am wahrscheinlichsten halten. Wiederholen Sie diesen Vorgang mit dem zweiten und darauffolgend mit dem dritten Bild. Die Schülerinnen und Schüler können bei ihrer ersten Meinung bleiben, oder ihre Meinung – nun, wo sie mehr Informationen über die Situation erhalten haben – noch einmal ändern. Am Ende jeder Bilderserie lösen Sie auf (die richtige Antwort ist in den Folien jeweils fett markiert; vgl. Tabelle 5). Besprechen Sie am Ende dieser Übung das Fazit, das auch in den Folien steht (am Ende der Übung B2b).

Tabelle 5: Lösungen Übung B2b (richtige Lösung fett markiert)

1. Bilderserie (Hunde/Boot)	2. Bilderserie (Tisch)	3. Bilderserie (Hund)
1. Polizeihunde vereiteln den Diebstahl eines Boots. 2. **Das Mädchen fällt ins Wasser, weil die Hunde eine Katze gejagt haben.** 3. Das Mädchen will die Katze retten, die auf dem Boot treibt. 4. Das Mädchen flüchtet sich vor den Hunden ins Wasser.	1. Der Junge ist einem Mann zur Hilfe geeilt, der gerade ausgeraubt wurde. 2. Der Junge hilft einem betrunkenen Mann. 3. **Der Junge hat aus Versehen mit einem Tisch den Mann am Kopf getroffen.** 4. Zwei alte Bekannte treffen sich auf der Straße.	1. Der Mann hat gerade einen Zaun für seinen Hund gebaut. 2. Der Mann spielt mit dem bellenden Hund des Nachbarn. 3. **Der Mann ist gerade vor einem bellenden Hund geflohen.** 4. Der Mann kauft einen Wachhund.

Am Ende der Übungen mit den Bilderserien (B2a oder B2b) verdeutlichen Sie den Schülerinnen und Schülern, dass wir, wenn wir eine Situation erleben, oft nur einen Ausschnitt wahrnehmen. Häufig wissen wir nicht, was vorher passiert ist oder übersehen Wichtiges, dass uns dabei helfen würde, die Situation besser zu verstehen (siehe Fazit in Übung B2a/B2b jeweils am Ende der Bilderserien; diese sind zur Vereinfachung bei der Durchführung der Übung dort schriftlich festgehalten). Fragen Sie die Schülerinnen und Schüler, was helfen kann, Situationen besser zu verstehen. Lösen Sie anschließend auf:

- Wir sollten genau hinsehen, bevor wir das Verhalten anderer bewerten.
- Wir sollten andere fragen, wie es zu dieser Situation gekommen ist.
- Wir sollten immer erst davon ausgehen, dass der andere die Dinge, die uns missfallen, nicht mit Absicht getan hat.

Vermitteln Sie den Schülerinnen und Schülern final folgende Botschaft:

Wenn sie sich beleidigt, ausgelacht oder bedroht fühlen, sollen sie sich in dieser Situation drei Fragen stellen:

1. *Was sind die Beweise?*
   Woher weiß ich das? Echte Beweise, Hörensagen, Vermutungen? Kenne ich die ganze Wahrheit?
2. *Gibt es andere Sichtweisen?*
   Würden meine Freundinnen oder Freunde die Situation vielleicht anders verstehen? Habe ich dem oder der Anderen eine Möglichkeit gegeben, die Situation zu erklären? Bin ich fair?
3. *Selbst wenn ich recht habe – überreagiere ich?*
   Was würde passieren, wenn ich einlenke; wenn ich versuche, die Situation in Ruhe zu klären, vielleicht mithilfe meiner Lehrkraft, wäre das nicht viel besser?

Damit die Schülerinnen und Schüler das Gelernte sich besser (über die Zeit) merken, verteilen Sie die Regelkärtchen (Abschnitt 7.8, S. 78), sodass jeder Schüler/jede Schülerin eine erhält. Sie sollen diese Kärtchen an einem Ort aufbewahren, an dem sie gut sichtbar sind, beispielsweise in der Federtasche.

Variante von Übung B2a/B2b: Bilden Sie zwei Schülerinnen-/Schülergruppen und lassen Sie sie (wie bei einem Quiz) gegeneinander antreten. Jede Gruppe soll beim ersten Bild raten, welche Antwort die richtige ist (gewertet wird jeweils nur die Einschätzung des ersten Bildes jeder Serie). Wichtig: Geben Sie den Schülerinnen und Schülern etwas Zeit, die (aus ihrer Sicht) richtige Lösung in der Gruppe zu diskutieren und sich auf ein Ergebnis zu einigen. Die Gruppe, die am Ende dieser Übung mehr Punkte hat, hat gewonnen. Diese Übungsvariante führt zu mehr Interaktion und Dynamik.

Fazit Übung B2a/B2b

Wie ihr sehen konntet, ist es nicht immer einfach, durch einen Bildausschnitt eine Situation komplett zu erfassen und man neigt dazu, voreilige Schlüsse zu ziehen. Oft kommt es dazu, dass man zu schnell eine Entscheidung trifft und man Menschen damit Unrecht tut. Deshalb ist es gerade in Konfliktsituationen, wenn ihr euch beispielsweise über jemanden ärgert, wichtig, erst einmal zu überlegen, ob das Verhalten der anderen Person nicht auch ganz anders erklärt werden kann. Um die richtige Entscheidung zu treffen, ist es – in Situationen, in denen ihr wütend seid – oft gut, die andere Person zu fragen, wie sie die Situation wahrnimmt und weshalb sie sich so verhält. Oder, wenn ihr das selbst nicht könnt, zu eurem Vertrauenslehrer oder eurer Vertrauenslehrerin zu gehen, damit er oder sie euch bei der Klärung des Konflikts unterstützt.

4.3.2 Umgang mit Gruppendruck

Mit dieser Trainingseinheit werden im Einzelnen folgende Ziele verfolgt:

1. *Verstehen des Einflusses anderer auf das eigene Verhalten:* Die Kinder und Jugendlichen verstehen, dass sie sich in sozialen Situationen häufig von anderen beeinflussen lassen.

2. *Selbstbehauptung in Gruppen:* Die Kinder und Jugendlichen lernen, sich in sozialen Situationen zu behaupten, die Stimme zu erheben und einen eigenen Standpunkt in angemessener Form zu vertreten.

Übung B3: Sich selbst behaupten: »Ja-Nein«

Aus: Leye, Heike: Mobbing in der Schule – Das Praxisbuch. Profi-Tipps und Materialien aus der Lehrerfortbildung (1. bis 4. Klasse) © Auer Verlag, AAP Lehrerfachverlage GmbH, Donauwörth 2014

Ziel: Bewusstmachen, wie es sich anfühlt, wenn man als einzelne Person gegenüber einer Gruppe steht und sich behaupten muss

Vorbereitung und Material: keine

Sitzordnung: Tische und Stühle nach außen stellen, sodass in der Raummitte ausreichend Platz ist

Optimale Gruppengröße: 5 bis 35 Schülerinnen und Schüler (Klein- und Großgruppen)

Praktisches Vorgehen für die Lehrkraft

Kündigen Sie den Schülerinnen und Schülern an, dass es jetzt im zweiten Teil dieser Sitzung um ein neues Thema gehen wird: Häufig verhalten wir uns in einer Weise, von der wir glauben, dass andere dieses Verhalten von uns erwarten oder dass es cool gefunden wird. Sagen Sie den Schülerinnen und Schülern, dass Sie nun Übungen mit ihnen machen werden, in denen sie versuchen sollen, sich selbst zu behaupten bzw. zu spüren, wie es ist, wenn andere Druck auf einen ausüben.

Wählen Sie einen Schüler/eine Schülerin aus, der/die sich freiwillig meldet und fordern Sie ihn/sie auf, sich an eine Wand des Klassenraumes zu stellen. Der Rest der Gruppe stellt sich gegenüber auf. Fordern Sie den Freiwilligen/die Freiwillige auf, immer wieder laut »NEIN!« zu rufen. Die Gruppe soll daraufhin laut »JA!« erwidern und einen Schritt auf den Einzelnen/die Einzelne zugehen. Der Schüler/die Schülerin soll daraufhin wieder »NEIN!« rufen. Die Distanz zwischen der einzelnen Person und der Gruppe wird immer weiter verringert, bis es sehr eng wird. Der oder die Jugendliche in der »NEIN!-Sager-Rolle« sollte jederzeit die Möglichkeit haben, durch ein »STOPP!« die Übung abzubrechen. Wiederholen

Sie diese Übung noch mit einer anderen Schülerin/einem anderem Schüler in der »NEIN-Sager-Rolle«.

Stellen Sie im Anschluss folgende Fragen zur Reflexion:

1. *An die Schülerinnen und Schüler in der NEIN-Sager-Rolle:*
   - Wie fühlt es sich an, einer Gruppe so gegenüberstehen zu müssen?
   - Was passiert, wenn die Gruppe die Distanz verringert?
   - Hat es etwas Bedrohliches?

2. *An die Gruppe:*
   - Wie hat es sich angefühlt, der Einzelnen/dem Einzelnem immer wieder »JA« zu entgegnen?
   - Wie ging es euch, als ihr die Distanz verringert habt?
   - Wie hättet ihr euch gefühlt, wenn ihr in der »NEIN-Sager-Rolle« gewesen wärt?

3. *An die gesamte Klasse:*
   - Gibt es ähnliche Situationen im Alltag? Welche?
   - Was kann in so einer Situation passieren?
   - Ist es einfacher, sich der Meinung der Gruppe anzuschließen, als eine eigene Position zu vertreten?

Fazit Übung B3

Eine andere Meinung in einer Gruppe, zum Beispiel in der Klasse, zu vertreten – und damit in der Minderheit zu sein oder sogar allein dazustehen – ist sehr schwer. Es macht einen schnell unsicher, selbst wenn man von der eigenen Meinung überzeugt ist. Zugleich ist es aber sehr wichtig, sich selbst treu zu bleiben und seinen Standpunkt angemessen vertreten zu können. Aus diesem Grund trainieren wir das noch einmal in der nächsten Übung.

Übung B4a: Rollenspiel Gruppendruck »Rad oder nicht Rad«

Entnommen aus: Weichold, K., Silbereisen, R. K. (2014). Suchtprävention in der Schule. IPSY – Ein Lebenskompetenzprogramm für die Klassenstufen 5–7. Göttingen: Hogrefe
ISBN: 9783801721299
Alternative (oder ergänzende) Übung: Ich-Botschaften (nachfolgende Übung B4b)

Ziel: Lernen, eine eigene Meinung konstruktiv zu vertreten und sich nicht unter Druck setzen zu lassen
Vorbereitung und Material: Rollenspielkärtchen kopieren bzw. ausdrucken; nach Variante A und Variante B unterteilen (Anhang Abschnitt 7.9, S. 79); das Arbeitsblatt für die zuschauenden Schülerinnen und Schüler kopieren und bereitstellen (Anhang 7.10, S. 81)
Sitzordnung: Kleingruppentische (je ca. 4 Schülerinnen und Schüler)
Optimale Gruppengröße: bis 30 Schülerinnen und Schüler

Praktisches Vorgehen für die Lehrkraft

Erklären Sie den Schülerinnen und Schülern, dass sie ein kurzes Rollenspiel durchführen werden. Schildern Sie anschließend die zu spielende Situation: Die Freunde Anna, Max und Lisa versuchen, ihren Freund Fritz zu überreden, am Nachmittag gemeinsam mit ihnen Fahrrad zu fahren. Fritz möchte eigentlich gerne mit zum Fahrradfahren, doch er hat zu Hause noch wichtige Hausaufgaben zu erledigen.

Teilen Sie die Schülerinnen und Schüler in Kleingruppen zu je vier Personen ein. Danach verteilen Sie in jeder Kleingruppe die vier verschiedenen Kärtchen mit Rollenanweisungen unter den Schülerinnen und Schülern. Die eine Hälfte der Kleingruppen bekommt die Rollenanweisungen für Variante A, die andere Hälfte bekommt die Rollenanweisungen für Variante B. Geben Sie den Schülerinnen und Schülern 2–3 Minuten Vorbereitungszeit. Bitten Sie anschließend eine Gruppe mit der Variante A und eine Gruppe mit der Variante B, ihr Rollenspiel vor der Klasse vorzuspielen. Fordern Sie die restlichen Schülerinnen und Schüler auf, die Rollenspiele aufmerksam zu verfolgen und das Arbeitsblatt auszufüllen (Anhang 7.10, S. 81).

Lassen Sie das Spiel 2–3 Minuten in jeder Gruppe (Variante A, Variante B) laufen, bis Sie meinen, dass die Schülerinnen und Schüler genug Eindrücke gesammelt haben, um nachfolgende Reflexionsfragen zu beantworten.

Nach Beendigung der Rollenspiele lassen Sie die Zuschauerinnen und Zuschauer (d. h. diejenigen Schülerinnen und Schüler, die sich nicht aktiv am Rollenspiel beteiligt haben) beschreiben, was sie beobachtet haben. Stellen Sie dazu folgende Fragen an die Zuschauerinnen und Zuschauer und werten Sie das Arbeitsblatt aus:
– Was ist euch besonders aufgefallen?
– Wie wirkt die Situation auf euch?
– Wie haben Anna, Lisa und Max Fritz überredet/ versucht zu überreden?
– Wie hat sich Fritz verhalten?

Stellen Sie nun folgende Fragen zur Reflexion:
1. *An die Zuschauerinnen und Zuschauer:*
   – Was denkt ihr, wie hat Fritz sich gefühlt?
   – Warum denkt ihr, hat Fritz sich beeinflussen (Variante A) bzw. nicht beeinflussen (Variante B) lassen?
   – Wie hättet ihr an der Stelle von Fritz reagiert?
   – Wie hättet ihr euch an der Stelle von Fritz' Freunden verhalten? Hättet ihr (eher) aufgegeben, Fritz zu überreden?
   – Habt ihr schon ähnliche Situationen wie Fritz erlebt? Welche? Wie habt ihr reagiert?
2. *An die Schauspielerinnen und Schauspieler:*
   – Wie habt ihr euch in eurer Rolle gefühlt?
   – Was ist euch besonders aufgefallen?
   – *Frage an »Fritz«:* Hast du dich von den Überredenden unter Druck gesetzt gefühlt?
   – Welches Argument fandet ihr besonders gut?
3. *An die gesamte Klasse:*
   – Was gibt es für Gründe, warum Fritz sich in Variante A der Meinung der Gruppe angeschlossen hat?
   – Welche Gründe gibt es noch, warum Menschen sich dem Urteil bzw. der Meinung einer Gruppe anpassen?
   Mögliche Lösungen:
   • *Anerkennung/Sympathie:* Fritz möchte, dass die anderen ihn anerkennen und mögen.
   • *Angst vor Ablehnung/Kritik:* Fritz möchte nicht, dass die anderen ihn zurückweisen oder kritisieren, er will weiterhin Mitglied der Gruppe bleiben.
   • *Unsicherheit:* Die Person vertraut dem Urteil der Gruppe, weil sie denkt, dass sie selbst es nicht besser weiß und keine Fehler machen will.

- Ist das schon Gruppendruck? Was versteht man unter Gruppendruck?

Mögliche Lösungen:

- *Gruppendruck* kann entstehen, wenn ich gerne zu einer Gruppe *dazugehören* möchte und mir wünsche, dass die Gruppenmitglieder mich *mögen.*
- Er kann auch entstehen, wenn ich große Angst habe, dass andere Personen aus der Gruppe mir *schaden* könnten, wenn sie mich nicht mögen *(Angst vor Ablehnung).*
- Er kann dazu führen, dass ich mich der Meinung der anderen Mitglieder der Gruppe *anschließe,* auch wenn deren Meinung offensichtlich nicht richtig ist.

- Wann könnte Gruppendruck zum Problem werden?

Mögliche Lösungen:

- Wenn ich mein eigenes *Verhalten verändere,* obwohl ich der Meinung bin, dass es anders eigentlich besser und richtig wäre.
- Wenn ich etwas mache, was ich eigentlich gar *nicht möchte,* weil ich Angst habe, dass mich die anderen sonst nicht mehr leiden können.

- Was sind gute Möglichkeiten, auf eine Situation zu reagieren, in der man selbst unter Druck gesetzt wird?

- Bei »sich« bleiben, ruhig bleiben.
- Ich-Botschaften vermitteln: Ich fühle mich von dir unter Druck gesetzt Ich möchte das nicht. Mir ist es wichtig, erst meine Hausaufgaben zu erledigen etc.

Übung B4b: Ich-Botschaften

Information: Wenn für diese Übung keine Zeit mehr ist, kann sie weggelassen werden. Im Trainingsmodul 4 gibt es eine vergleichbare Übung. Auf Wunsch kann diese Übung auch anstelle von Übung B4a durchgeführt werden.

Ziel: Lernen, sich in sozial angemessener Form selbst zu behaupten

Vorbereitung und Material: Arbeitsblatt B4b, kopiert in Anzahl der Schülerinnen und Schüler (Anhang Abschnitt 7.11, S. 82)

Sitzordnung: nach Wahl

Optimale Gruppengröße: bis 30 Schülerinnen und Schüler

Praktisches Vorgehen für die Lehrkraft

Verteilen Sie das Arbeitsblatt zur Übung B4b. Fordern Sie die Schülerinnen und Schüler auf, die darauf beschriebenen Situationen durchzulesen und – jede/-r für sich – jeweils eine Antwortformulierung zu überlegen. Bitten Sie die Schülerinnen und Schüler, »Ich-Botschaften« zu formulieren, das heißt Botschaften, die ihre eigenen Bedürfnisse und Wünsche in den Vordergrund stellen, zugleich aber keinen Vorwurf gegenüber der anderen Person darstellen und somit lösungsorientiert sind.

Diskutieren Sie zu jeder Situation die Antworten der Schülerinnen und Schüler. Geben Sie eine Rückmeldung über die Angemessenheit der Antworten: Handelt es sich wirklich um Ich-Botschaften (wie in den beispielhaften Lösungen in Tabelle 6). Achten Sie bei den Antworten der Schülerinnen und Schülern darauf, dass sie keinen Vorwurf enthalten. Sie »dürfen« auch humorvoll sein.

Tabelle 6: Lösungen Übung B4b (kursiv)

Situation	Deine Antwort
Ein Mitschüler kommt auf dich in der Pause zu und sagt: »Hey, lass mich mal deine Hausaufgaben abschreiben.« Du hast viel Arbeit mit deinen Hausaufgaben gehabt und möchtest ihm nicht einfach abschreiben lassen.	*»Ich möchte das nicht so gern. Ich habe Angst, dass ich – wenn es auffliegt – eine schlechte Note bekomme. Aber wenn du möchtest, kann ich dir gerne bei den Hausaufgaben helfen. Das geht schnell.«*
Eine Klassenkameradin kommt zu dir und flüstert dir ins Ohr: »Hast du Lilli heute gesehen? Die ist doch viel zu fett für diese enge Jeans.« Du findest es nicht richtig, dass jemand so über Lilli spricht.	*»Ich mag Lilli sehr gerne. Es kränkt mich, wenn du so über sie redest; ich möchte das nicht. Ich würde es furchtbar finden, wenn jemand so über mich reden würde. Du nicht?«*

Situation	Deine Antwort
Du bist auf einer Party und ein Freund kommt zu dir und sagt: »Komm, nimm doch mal einen Zug von der Zigarette. Es wird dich schon nicht umbringen.« Du möchtest aber nicht das Rauchen ausprobieren.	*»Nein danke, ich möchte nicht rauchen. Mir schmeckt das nicht. Aber zu einer Cola sage ich nicht nein.«*

Fazit Übung B4a/B4b

Wie ihr bei den Übungen gesehen habt, kann es manchmal sehr schwer sein, seinen Standpunkt in einer Gruppe zu vertreten. Man kann sich unwohl, ängstlich und unter Druck gesetzt fühlen. In solchen Situationen kommt es oftmals dazu, dass man sich als Einzelne/-r der Meinung der Gruppe anschließt, um nicht allein dazustehen. Das Rollenspiel (und die Übung mit dem letzten Arbeitsblatt) sollte euch zeigen, dass es im Alltag schnell zu Situationen kommen kann, in denen ihr unter Druck geraten könntet und ihr euch zu einem Verhalten verleiten lasst, dass ihr gar nicht wollt und das vielleicht auch nicht gut für euch ist. Deshalb ist es immer wichtig, auf euch selbst zu hören.

Falls das Trainingsmodul 3 von polizeilichen Fachkräften durchgeführt wird

In der nächsten Stunde/Woche wird Herr XY/ Frau XY von der Polizei zu euch kommen und das Training fortsetzen. Vieles von dem, was wir in den letzten zwei Trainingseinheiten zum Thema Gefühle und zur Bewertung von Situationen geübt haben, werdet ihr dort wieder gebrauchen können. Ihr werdet in der nächsten Trainingseinheit verschiedene herausfordernde Situationen kennenlernen; in einigen geht es darum, was passiert, wenn ihr bedroht werdet, ihr also in Gefahr seid; in anderen geht es darum, wie ihr reagieren könnt, wenn jemand euch ärgern oder provozieren möchte.

4.4 Trainingsmodul 3: Schwerpunkt Handlungskompetenzen (Gesamtdauer: circa 180 Minuten)

Dieses Trainingsmodul wird idealerweise von Präventionsfachkräften der Polizei durchgeführt. Diese Trainingseinheit kann aber auch von Lehrkräften oder anderem pädagogisch-ausgebildeten Personal durchgeführt werden, in diesem Fall wird, sollte es sich um bereits den Schülerinnen und Schülern bekannte Personen handeln, die Begrüßung und Vorstellung (Übung C1) weggelassen. Die Aufklärung über jugendtypische Straftaten und deren Konsequenzen (Übung C3) sollte in diesem Fall nur mit Fokus auf die Dynamik von Konflikten (ohne Bezug zu strafrechtlichen Konsequenzen) durchgeführt werden.

Übersicht über die Übungen des Trainingsmoduls 3: Handlungskompetenzen

Übung	Dauer (ca.)	Material
C1a: Wer bin ich?	20 min	Tafel und Kreide oder Flipchart und Stift
C1b: Wer seid ihr?	5 min	Tafel und Kreide oder Flipchart und Stift
C2: Gewaltformen	15 min	Tafel und Kreide oder Flipchart und Stift
C3: Gewaltspirale	30 min	Tafel und Kreide oder Flipchart und Stift; selbst gewählte Situationsbeschreibung
C4: Verhaltenstipps und Rollenspiele	90 min	Rollenspielsituationen (selbstgewählt)
C5: Zentrale Botschaften	15 min	Stift und Zettel
		Gesamtdauer: circa 180 Minuten

4.4.1 Übung C 1: Begrüßung und Vorstellung

Mit dieser Trainingseinheit (in Zusammenarbeit mit der Polizei) werden folgende Ziele angestrebt:

1. *Positive Einstellungen zur Polizei und zur polizeilichen Präventionsfachkraft fördern (sofern eine Zusammenarbeit mit der Polizei realisiert wurde):* Die Kinder und Jugendlichen bauen eine positive Beziehung zur polizeilichen Präventionsfachkraft auf und entwickeln durch sie ein positives Bild der Polizei: Die polizeiliche Präventionsfachkraft wird als Polizist/Polizistin und »als Mensch«, das heißt in seiner individuellen Persönlichkeit, wahrgenommen.

2. *Motivierung der Kinder und Jugendlichen:* Die Kinder und Jugendlichen sollen neugierig werden, auf die Trainerinnen und Trainer ebenso wie auf die Veranstaltung als Ganzes. Sie sollen ermutigt werden, sich aktiv zu beteiligen. Sie sollen hier schon merken: Das, was wir heute lernen, hat mit mir und meiner Klasse zu tun. Wir können hier etwas lernen und werden Spaß daran haben.

3. *Kennenlernen der Kinder und Jugendlichen und Einschätzung der Stimmung:* In den ersten Übungen zum Kennenlernen der Kinder und Jugendlichen wird bereits deutlich, welche diejenigen sind, die sich einbringen, welche diejenigen sind, die unter Umständen stören könnten und welche diejenigen sind, die sehr zurückhaltend sind und die gegebenenfalls mehr Ermutigung brauchen, um mitzumachen.

4. *Einstieg in das Thema »Gewalt«:* Die Kinder und Jugendlichen werden an das Thema »Gewalt« herangeführt.

Am Beginn des Trainings stehen die Begrüßung und die Vorstellung der eigenen Person. Aufgrund der behandelten Themen sollte die polizeiliche Fachkraft die Schülerinnen und Schüler über das *Legalitätsprinzip* aufklären. Darüber hinaus soll in einer ersten Interaktion mit den Schülerinnen und Schülern eine Beziehung zu ihnen aufgebaut und die Neugierde auf das, was sie im Training erleben werden, geweckt werden.

Am Anfang der Sitzung stellt sich die polizeiliche Präventionsfachkraft mit ihrem *Namen* (an die Tafel schreiben) und gegebenenfalls ihrer Funktion bzw. ihrem Arbeitsort vor und es werden kurz die *Rahmenbedingungen* geklärt, das heißt die Dauer des Trainings (4 Schulstunden) und wie die Pausenregelung aussieht.

Die Vorstellung der eigenen Person und das Kennenlernen der Schülerinnen und Schüler sollten möglichst *interaktiv* geschehen. Dabei gilt: Übungen, die zum *Sprechen* auffordern, aktivieren insbesondere diejenigen Kinder und Jugendlichen, die sicher vor der Gruppe sprechen und dabei keine Ängste haben. Übungen, die *verhaltensorientiert* sind und bei denen nicht gleich einzelne Schülerinnen und Schüler im Mittelpunkt stehen, ermutigen (auch) diejenigen, die sonst eher ruhiger und gehemmter sind. Ideal ist es, in dieser ersten Einheit beide Arten von Übungen zu *kombinieren:* Eine Übung, bei der die Kinder und Jugendlichen ins Sprechen kommen und die vergleichsweise niedrigschwellig von den Anforderungen ist (z.B. die Übung C1a: Wer bin ich?) und eine Übung, bei der die Kinder und Jugendlichen als Gruppe reagieren können (z.B. die Übung C1b: Wer seid ihr?). Beide Übungen werden nachfolgend beschrieben.

Übung C1a: Wer bin ich?

Entnommen aus: Handke, U. (2012). Mehr Erfolg im Unterricht. Ausgewählte Methoden, die Schüler motivieren. Berlin: Cornelsen Scriptor
Alternative Übung (wenn Schülerinnen und Schüler bereits bekannt): Übung C1c Postkartenbilder, Abschnitt 7.12, S. 83)

Ziel: Vorstellung und Motivation der Schülerinnen und Schüler
Vorbereitung und Material: Tafel oder Flipchart, Kreide oder Filzstift
Sitzordnung: Stuhlkreis oder frontal (mit Ausrichtung zur Tafel bzw. Flipchart)
Optimale Gruppengröße: 5 bis 35 Schülerinnen und Schüler (Klein- und Großgruppen)

Praktisches Vorgehen für die polizeiliche Fachkraft (oder anderer Trainingsperson)
Kündigen Sie den Schülerinnen und Schülern an, dass Sie jetzt gleich einige Begriffe und Zahlen an die Tafel/das Flipchart schreiben werden, die mit Ihrer Person zu tun haben. Sie dürfen sich gerne dazu schon etwas überlegen, aber noch nichts laut sagen.

Schreiben Sie dann 6 bis 10 Begriffe zu Ihrer Person auf, idealerweise solche, die mit Ihrer Rolle als polizeiliche Präventionsfachkraft zu tun haben, aber auch solche, die eher privater Natur sind. Angenommen: Sie arbeiten am Polizeiabschnitt 24, fahren gerne mit dem Fahrrad zur Arbeit, tragen bei der Arbeit überwiegend Uniform, fahren während der Arbeitszeit mit dem Streifenwagen, sind seit 15 Jahren Poli-

Abbildung 3: Tafelbild zur Vorstellung einer polizeilichen Präventionskraft.

zist bzw. Polizistin, haben einen Hund namens Max und einen Sohn namens Emil, der 9 Jahre alt ist und fahren im Urlaub gerne nach Kroatien, dann könnte Ihr Tafelbild aussehen wie in Abbildung 3.

Fordern Sie nun die Schülerinnen und Schüler auf, Fragen zu formulieren, zu denen diese Antworten passen. Geben Sie gegebenenfalls Unterstützung, indem Sie ein Beispiel vorgeben: »Heißt Ihr Goldfisch Max?«; »Nein, Max ist jemand anderes, und zwar …« (hier lassen Sie die Schülerinnen und Schüler raten). Sie dürfen bei der Suche nach den richtigen Lösungen auch kleine Hinweise geben, damit der Zeitrahmen der Übung eingehalten werden kann.

Wenn alle Lösungen gefunden wurden, kündigen Sie den Schülerinnen und Schülern an, dass sie jetzt vieles über Sie wissen, Sie aber auch neugierig sind und die Schülerinnen und Schüler etwas kennenlernen möchten. Sie schließen nun also eine Übung an, mit der Sie möglichst zeitsparend die Kinder bzw. Jugendlichen kennenlernen können. Hierfür bietet sich die Übung »Wer seid ihr?« an.

Übung C1b: Wer seid ihr?

Ziel: Kennenlernen der Schülerinnen und Schüler, Aktivierung derjenigen Schülerinnen und Schüler, die bisher noch nichts gesagt haben, erste Einführung in das Thema Gewalt, Erkennen der Schülerinnen und Schüler: »Das Thema hat mit mir und unserer Klasse zu tun.«
Vorbereitung und Material: keine, gegebenenfalls Karteikarten mit den Fragen, die Sie stellen möchten
Sitzordnung: Stuhlkreis

Praktisches Vorgehen für die polizeiliche Fachkraft (oder anderer Trainingsperson)
Kündigen Sie den Schülerinnen und Schülern an, dass Sie jetzt gerne auch mehr über sie erfahren möchten. Erklären Sie ihnen, dass Sie ihnen jetzt ein paar Fragen stellen werden. Alle, für die die Antwort auf Ihre Frage »ja« lautet, sollen in die Mitte des Stuhlkreises gehen. Alle, für die die Antwort auf Ihre Frage »nein« lautet, sollen sitzenbleiben.

Beginnen Sie zunächst mit vier bis sechs Fragen zur Person bzw. dem Freizeitverhalten der Kinder und Jugendlichen. Wählen Sie beispielsweise aus folgenden Fragen aus:

– Bist du 14 Jahre oder älter?
– Bist du 13 Jahre oder jünger?
– Machst du Sport?
– Gehst du in deiner Freizeit in einen Sportverein?
– Hast du in den letzten zwei Monaten ein Buch gelesen?
– Hast du Geschwister?
– Hast du ein Haustier?
– Warst du schon einmal auf dem Fernsehturm am Alexanderplatz?
– Warst du schon mal auf dem Funkturm in Charlottenburg?

Führen Sie nun auf das Thema Gewalt hin. Wichtig dabei ist, dass Sie in diesem Themenbereich nur solche Fragen stellen, bei denen Sie davon ausgehen, dass mindestens ein Drittel der Schülerinnen und Schüler diese Frage bejahen wird, das heißt, vermeiden Sie Fragen zu extremen und seltenen Ereignissen, wie Raub oder ähnliche Taten, die strafbar sind. Stellen Sie am besten generell keine Fragen, die Ihnen aufgrund des Legalitätsprinzips Schwierigkeiten bereiten könnten. Fragen könnten beispielsweise lauten:

- Hat schon mal jemand etwas Gemeines zu dir gesagt, was dich traurig oder wütend gemacht hat?
- Bist du bei einem Streit schon mal so wütend gewesen, dass du dein Gegenüber angeschrien hast?
- Warst du schon mal so wütend, dass du laut die Tür geknallt oder etwas kaputt gemacht hast?
- Hast du im Streit mit jemandem schon einmal etwas gesagt, was dir danach leid tat?

Bedanken Sie sich bei den Schülerinnen und Schülern für ihre Mitarbeit. Machen Sie sie darauf aufmerksam, dass Sie durch diese Übung die Schülerinnen und

Schüler etwas besser kennengelernt haben. Sie können nun auf die zweite Trainingseinheit (Abschnitt 4.4.2: Formen der Gewalt) hinleiten, indem Sie darauf verweisen, dass diese Fragerunde auch gezeigt hat, dass einige schon Erfahrungen mit Konflikten gesammelt haben und gerade leichte Formen der Gewalt, wie Beleidigungen oder aus Wut etwas kaputt zu machen, zwar häufig vorkommen, aber dass dadurch immer jemand gekränkt oder geschädigt wird.

Nun ist der richtige Zeitpunkt, den Kindern und Jugendlichen das hauptsächliche Ziel dieser Trainingseinheit zu nennen.

Lernziel zur Erläuterung vor der Klasse:
Ihr habt nun gesehen, dass es Formen der Gewalt gibt, mit denen viele von euch bereits Erfahrungen gesammelt haben, entweder als Opfer, als Täter oder beides, als Opfer und Täter. Ihr sollt heute lernen, dass Gewalt sich ganz unterschiedlich äußern kann. Häufig spielen dabei auch starke Gefühle eine Rolle, wie Wut oder Angst. Ihr sollt heute lernen, mit Situationen, in denen ihr geärgert oder bedroht werdet, besser umgehen zu können. Dafür werden wir heute mit euch erarbeiten, was es für Formen von Gewalt gibt und das richtige Verhalten in Konfliktsituationen mit euch besprechen und schließlich in Rollenspielen einüben.

4.4.2 Übung C2: Gewaltbegriff

Mit dieser Trainingseinheit werden folgende Ziele verbunden:
1. *Kennenlernen verschiedener Formen von Gewalt:* Die Kinder und Jugendlichen lernen, dass Gewalt viele Facetten hat und dass einige Formen der Gewalt weniger beobachtbar sind (z. B. Ausgrenzung) als andere (z. B. körperliche Gewalt).
2. *Erkennen der Gemeinsamkeit aller Formen von Gewalt:* Die Kinder und Jugendlichen lernen, dass alle Formen der Gewalt zu einer Schädigung von Personen (oder Gegenständen, die Personen gehören) führen. Sie lernen, dass der hervorgerufene Schmerz körperlich und seelisch sein kann.
3. *Bewertung verschiedener Formen von Gewalt:* Die Kinder und Jugendlichen sollen lernen, dass alle Formen von Gewalt bei den Opfern zu Leid führen und aus diesem Grund nicht akzeptiert werden dürfen.

Eine kurze Erläuterung zum Gewaltbegriff und zu den Formen der Gewalt: Per Definition wird jegliche Form von Aggression als ein Verhalten gegenüber einer anderen Person (oder Personengruppen) verstanden, das mit dem Ziel einer Schädigung ausgeübt wird. Gewalt

ist eine extreme Form der Aggression, mit der eine physische Schädigung beabsichtigt wird (Anderson u. Bushman, 2002). Im vorliegenden Manual werden die Begriffe Aggression und Gewalt jedoch synonym verwendet.

Es gibt unterschiedliche Klassifikationen von Gewalt- bzw. Aggressionsformen, beispielsweise Unterscheidungen nach Art der Äußerung des Verhaltens (offene vs. verdeckte Gewalt) oder der Art der Motivation der handelnden Person (reaktive vs. proaktive Gewalt).

Für das Training soll eine Klassifikation von Aggression und Gewalt genutzt werden, die für Kinder und Jugendliche leicht zu verstehen ist. Deshalb sollten folgende Formen der Gewalt erarbeitet werden:
- *körperliche Gewalt,* wie Schlagen, Treten, Schubsen etc. (offene Gewalt, da direkt beobachtbar),
- *verbale Gewalt,* wie Beleidigungen und Beschimpfungen (offene Gewalt, da ebenfalls direkt beobachtbar),
- *soziale Gewalt,* wie Gerüchte verbreiten, andere von der Gemeinschaft auszuschließen, heimlich Dinge von jemandem kaputt machen (verdeckte Gewalt, da dieses Verhalten in der Regel nicht direkt beobachtbar ist).

Ziel: Wissensaufbau über verschiedene Formen von Gewalt und deren Bewertung als schädigendes Verhalten

Vorbereitung und Material: Tafel oder Flipchart, Kreide oder Filzstift

Sitzordnung: Stuhlkreis

Praktisches Vorgehen für die polizeiliche Fachkraft (oder andere Trainingsperson)

Knüpfen Sie an die vorhergehende Übung (C1b) an, bei der Sie mit den Schülerinnen und Schülern bereits erste Erfahrungen zum Thema Gewalt ausgetauscht haben. Fragen Sie die Schülerinnen und Schülern nun, welchen unterschiedlichen *Formen von Gewalt,* die in der vorangegangenen Fragerunde berichteten Beispiele zuzuordnen sind bzw. – falls statt dieser Übung eine andere durchgeführt wurde – welche Formen von Gewalt ihnen allgemein bekannt sind.

Lassen Sie die Kinder und Jugendlichen ganz frei Stichworte nennen und schreiben Sie diese an die Tafel oder auf das Flipchart. Sortieren Sie die Antworten dabei bereits danach, ob man diese direkt beobachten kann (verbal, körperlich) oder ob diese nicht direkt beobachtbar (d. h. sozial) sind. Die Begriffe »verbal«, »körperlich« und »sozial« müssen dabei nicht explizit benannt werden. Wichtig ist, dass die Kinder und Jugendlichen begreifen, dass Gewalt nicht immer direkt zu beobachten ist, sie deshalb aber nicht weniger schlimm ist oder weniger Leid erzeugt als sichtbare Formen von Gewalt. Falls die Kinder und Jugendlichen *nicht* von selbst auf alle Formen der Gewalt kommen, unterstützen Sie sie mit folgenden Fragen:

– Wie beurteilt ihr es, wenn ein Schüler oder eine Schülerin jemanden ein Bein stellt? Ist das Gewalt? (Antwort: *Ja.* → *Form der körperlichen Gewalt*)
– Wie beurteilt ihr es, wenn ein Schüler oder eine Schülerin jemanden schubst? Ist das Gewalt? (Antwort: *Ja.* → *Form der körperlichen Gewalt*)
– Wie beurteilt ihr es, wenn ein Schüler oder eine Schülerin jemanden beleidigt? Ist das Gewalt? (Antwort: *Ja.* → *Form der verbalen Gewalt*)
– Wie beurteilt ihr es, wenn ein Schüler oder eine Schülerin jemanden beschimpft und jemandem gegenüber laut wird? Ist das Gewalt? (Antwort: *Ja.* → *Form der verbalen Gewalt*)
– Wie beurteilt ihr es, wenn ein Schüler oder eine Schülerin nie zum Geburtstag eingeladen wird und keine/-r neben ihm/ihr sitzen will? Ist das Gewalt? (Antwort: *Ja.* → *Form der sozialen Gewalt*)
– Wie beurteilt ihr es, wenn ein Schüler oder eine Schülerin Gerüchte über jemanden verbreitet? Ist das Gewalt? (Antwort: *Ja.* → *Form der sozialen Gewalt*)

Wenn dieser Teil der Übung beendet ist, könnte Ihr Tafelbild ungefähr so aussehen (vgl. Abbildung 4):

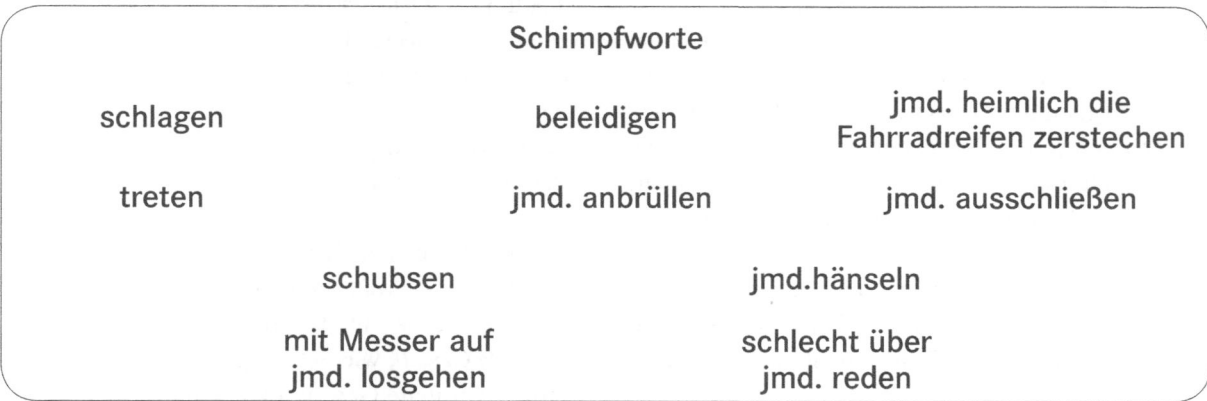

Abbildung 4: Tafelbild zu Übung C2 mit Beispielen für Gewaltformen

Stellen Sie nun zwei Reflexionsfragen zu den Verhaltensweisen, die an der Tafel stehen:

1. Worin bestehen die *Unterschiede* zwischen diesen verschiedenen Verhaltensweisen? Was ist beispielsweise der Unterschied zwischen »jemanden schubsen« und »schlecht über jemanden reden«? (Lösung: Das eine ist beobachtbar, das andere nicht.)

2. Was haben alle diese Formen der Gewalt *gemeinsam?* (Lösung: Sie schaden jemandem, jemand empfindet dadurch Leid.)

Ziehen Sie am Ende dieser Trainingseinheit ein Fazit.

4.4.3 Übung C3: Jugendtypische Straftaten und deren Konsequenzen

Folgende Ziele werden mit dieser Trainingseinheit verfolgt:

1. *Verständnis der Dynamik von Gewalt:* Die Kinder und Jugendlichen sollen lernen, dass aggressives Verhalten in Reaktion auf Provokationen oder Bedrohungen zu einem Prozess des wechselseitigen Aufschaukelns führt, der die Wahrscheinlichkeit erhöht, dass am Ende jemand ernsthaft zu Schaden kommt.

2. *Kennen der strafrechtlichen Konsequenzen:* Die Kinder und Jugendlichen sollen lernen, dass aggressives Verhalten in Reaktion auf Provokationen oder Bedrohungen auch strafrechtliche Konsequenzen haben kann. Sie sollen dem Impuls widerstehen, in die »Provokationsfalle« zu tappen und durch ihr Verhalten selbst zum Täter/zur Täterin zu werden.

3. *Wahrnehmung eigener Kontroll- und Handlungsmöglichkeiten:* Die Kinder und Jugendlichen sollen erkennen, dass sie durch die Art ihres Verhaltens die Dynamik der Gewalt unterbrechen können und sich bewusst darüber werden, dass ihr Handeln den Verlauf des Prozesses entscheidend beeinflusst.

Diese Trainingseinheit stellt die Basis der nachfolgenden Rollenspiele zum Erwerb von Kompetenzen im Umgang mit Konflikten dar. Die polizeiliche Fachkraft kündigt an, dass die Schülerinnen und Schüler nun zwar viel über die Formen von Gewalt wissen, sie aber auch mehr darüber lernen sollen, welche Situationen häufig zu Gewalt führen und welche Möglichkeiten sie haben, darauf zu reagieren.

Anmerkung: Der in den ursprünglichen Anti-Gewalt-Veranstaltungen zum Teil sehr ausführlich gehaltene Theorievortrag über das Jugendstrafrecht entfällt. Zwei Gründe sprechen dafür:

1. Aus wissenschaftlicher Sicht sind Maßnahmen zur reinen Wissensvermittlung, Aufklärung oder Abschreckung in der Gewaltprävention nicht zielführend. In den meisten Fällen wissen Kinder und Jugendliche danach zwar mehr, aber dieses Wissen führt in der Regel nicht zu einer Verhaltensänderung.

2. Aus Gründen des polizeilichen Selbstverständnisses findet weiterhin eine Aufklärung über die Konsequenzen von Straftaten statt. Diese wird jedoch zielführend mit der Eskalation von Konflikten, der Darstellung der *Gewaltspirale* und mit *Rollenspielen* verbunden. Durch die Verbindung der Wissensvermittlung mit der Gewaltspirale und Rollenspielen findet eine stärkere inhaltliche Schärfung des Trainings auf das Thema der Deeskalation statt. Zugleich beziehen die Kinder und Jugendlichen auf diese Weise das Wissen über die Konsequenzen von Straftaten auf ihre Lebenswelt und konkrete Situationen.

Übung C3: Gewaltspirale, gegebenenfalls mit Rollenspiel

Ziel: Verständnis über die Dynamik von Gewalt, Kennen der strafrechtlichen Konsequenzen, Wahrnehmung eigener Kontroll- und Handlungsmöglichkeiten

Vorbereitung und Material: Tafel oder Flipchart; eine selbst ausgewählte Situationsbeschreibung (aus der PDF-Datei zum Trainingsmodul 3)

Sitzordnung: Stuhlkreis

Praktisches Vorgehen für die polizeiliche Fachkraft (oder andere Trainingsperson)
Wählen Sie eine Situation aus, mit der Sie die Kinder und Jugendlichen konfrontieren wollen und welche die Basis für die Erarbeitung der Gewaltspirale sein soll. In dieser Situation sollte es einen potenziellen Auslöser eines Konflikts geben, der möglichst geringfügig, gegebenenfalls sogar mehrdeutig bezüglich der Absicht der Tat ist (d. h., er könnte feindselig gemeint sein, muss es aber nicht). Beispiele für Szenarien stehen im Foliensatz zum Trainingsmodul 3, es kann

aber auch eine andere selbst erdachte Szene behandelt werden (z. B. aus dem eigenen Erfahrungsschatz).

Konfrontieren Sie die Schülerinnen und Schüler mit einer selbstgewählten Szene (beschreiben, vorlesen oder auf Wunsch spielen Sie die Szene auch kurz mit einem Schüler/einer Schülerin an), beispielsweise einer Szene wie dieser:

> »Stell dir vor, du sitzt in der U-Bahn und ein Jugendlicher, der dir breitbeinig gegenüber sitzt, lehnt sich vor und starrt dich unverhohlen an. Was tust du?«

Lassen Sie die Schülerinnen und Schüler alle möglichen Reaktionen nennen (oder einige spielen), so lange bis eine Reaktion kommt, die zu einer Eskalation führen würde (siehe nachfolgende Beispielinteraktion zur zuvor beschriebenen Szene). Greifen Sie diese Reaktion auf und ermuntern Sie die Schülerinnen und Schüler, die Szene weiter eskalieren zu lassen, sodass ein sich aufschaukelnder Prozess entsteht.

Beispielinteraktion (die in die Eskalation führt):
Person A: »Was glotzt du so doof?«
Person B: »Ich kann hier glotzen, so viel ich mag, du Penner!«
Person A (steht auf, stellt sich vor B): »Wer ist hier ein Penner, du Idiot? Willst dich wohl mit mir anlegen?«
Person B (springt auch auf, packt A am Kragen und schubst A voller Kraft durch den Wagen, sodass Person A zu Boden stürzt): »Hau bloß ab, du Weichei!«
Person A (rappelt sich auf, stürzt auf Person B zu, holt aus und schlägt B mit der Faust; diese Szene kann weiter – gedanklich – bis zur »Spitze« getrieben werden).

Zeichnen Sie nun, ausgehend von der auslösenden Situation (in der nachfolgenden Abbildung 5 »Person B: starren«), die Gewaltspirale an die Tafel und zeigen Sie anhand dieser den *Prozess der Eskalation*. Kombinieren Sie die jeweilige Reaktion mit der damit verbundenen strafrechtlichen Konsequenz (dies gilt nur für polizeiliche Fachkräfte) und ordnen Sie diese der Gewaltspirale zu. Zeichnen Sie ein *Tafelbild*, welches final dem nachfolgenden Beispiel entlehnt ist (vgl. Abbildung 5). Dabei können Sie auch weitere Delikte anführen, die hier nicht genannt sind, zum Beispiel unerlaubter Waffenbesitz. Pädagogisches Personal visualisiert nur den Prozess des Aufschaukelns anhand der Spirale (ohne Bezugnahme zu strafrechtlichen Konsequenzen).

Fragen Sie nun die Kinder und Jugendlichen, wer in einem solchen Fall Täter und Opfer ist. Machen Sie ihnen klar, dass Provokationen oder Ähnliches keinen Rechtfertigungsgrund für Gewalt darstellen. Die Kinder und Jugendlichen sollen verstehen, dass sie in einer solchen Dynamik in Gefahr laufen, selbst zum Täter/zur Täterin – und damit strafbar – zu werden. Gewalt rechtfertigt keine Gegengewalt, so lange es andere Optionen gibt.

Nachdem nun ein eskalierender Verlauf nachgezeichnet wurde (bzw. ggf. auch angespielt wurde), sollen die Schülerinnen und Schüler eine (oder mehrere) Lösung(-en) finden, wie diese Eskalation hätte verhindert werden können. Erarbeiten Sie mit den Schülerinnen und Schülern Möglichkeiten und Verhaltensweisen, die den Ausstieg aus der Spirale ermöglicht hätten.

Wichtig: Am Ende dieser Einheit spielen Sie die richtige Lösung oder richtige Lösungen mit den Schülerinnen und Schülern nach oder benennen zumindest mündlich noch einmal die richtigen Verhaltensweisen (z.B.: einfach aus dem U-Bahn-Waggon aussteigen). Ziehen Sie auch am Ende dieser Trainingseinheit ein Fazit.

Person A: gefährliche Körperverletzung

Person B: einfache Körperverletzung

Person A: Beleidigung

Person B: Beleidigung

Person A: ärgerliche Reaktion

Person B: »starren«

Abbildung 5: Tafelbild zu Übung C3 »Gewaltspirale«

4.4.4 Übung C4: Verhaltenstipps und deren Reflexion in Rollenspielen

Mit dieser Trainingseinheit werden folgende Ziele verfolgt:

1. *Differenziertere Wahrnehmung von Konfliktsituationen:* Die Kinder und Jugendlichen sollen lernen, dass Konfliktsituationen und die Absichten des Interaktionspartners/der Interaktionspartnerin unterschiedlich interpretiert werden können. Insbesondere Kinder und Jugendliche, die ohnehin zu aggressiven Reaktionen neigen, sollen lernen, mehrdeutige Situationen weniger feindselig zu interpretieren.

2. *Bessere Wahrnehmung der und angemessener Umgang mit den eigenen Emotionen:* Die Kinder und Jugendlichen sollen lernen, sich ihrer eigenen Emotionen in Konfliktsituationen bewusster zu werden und diese Information als Hinweisreiz angemessen zu verarbeiten (Angst = dem Gefühl folgen, Flucht antreten; Wut = beruhigen und kontrolliert handeln).

3. *Steigerung der Fähigkeit zur Perspektivenübernahme:* Die Kinder und Jugendlichen sollen ihre Fähigkeit ausbauen, die Perspektiven anderer einzunehmen.

4. *Erwerb von Handlungskompetenzen in Provokations- und Bedrohungssituationen in verschiedenen Settings (Schule und Öffentlichkeit):* Die Kinder und Jugendlichen sollen sich Handlungskompetenzen aneignen, die in Konflikten zu einer Deeskalation beitragen und diese in Form von Rollenspielen einüben.

Das Entscheidende dieser Trainingseinheit ist, dass die Kinder und Jugendlichen lernen, dass Konflikte unterschiedlicher Natur sein können: In der Schule sind Schülerinnen und Schüler in ihrem täglichen Miteinander vergleichsweise häufig mit Konfliktsituationen konfrontiert, die von den betroffenen Kindern und Jugendlichen zwar als belastend empfunden werden, die aber in der Regel nicht wirklich bedrohlich sind, beispielsweise wenn ein Mitschüler/eine Mitschülerin jemand anderen beleidigt (Fall 1). Anders verhält es sich in Situationen, in denen Kinder und Jugendliche in der Öffentlichkeit, also in Situationen, die sie weniger gut bezüglich ihres Gefahrenpotenzials einschätzen können, mit Konflikten konfrontiert werden, beispielsweise wenn sie beraubt werden oder ihnen nicht bekannte Jugendliche zu nahe kommen (Fall 2).

Diese Unterscheidung ist deshalb wichtig, weil im Rahmen der *schulischen Gewaltprävention* typischerweise von Fall 1 ausgegangen wird, das heißt, einander bekannte Schülerinnen und Schüler haben einen Konflikt miteinander, der lösbar erscheint und von dem zunächst keine unmittelbare Gefahr für die körperliche Unversehrtheit ausgeht. In der *polizeilichen Gewaltprävention* wird hingegen in der Regel von Fall 2 ausgegangen, das heißt von Situationen, die im öffentlichen Raum stattfinden, in denen sich einander wenig oder gar nicht bekannte Täter und Opfer gegenüber stehen und die häufig schnell in gefährlicher Weise eskalieren können.

In der schulischen Gewaltprävention wird in der Konsequenz im Fall 1 üblicherweise ein Vorgehen gewählt, dass es ermöglicht, die Konflikte zwischen Schülerinnen und Schüler zu klären und ihnen ein wertschätzendes Miteinander zu vermitteln. Der Umgang mit Konflikten besteht hier im Regelfall darin, dass die Schülerinnen und Schüler lernen, in Konfliktsituationen ruhig zu bleiben, kontrolliert zu handeln und das Gespräch zu suchen, gegebenenfalls mit Unterstützung der Gleichaltrigen (Konfliktlotsen) oder Mitarbeiterinnen und Mitarbeitern der Schulstation. Das Ziel dieses Vorgehens besteht immer darin, zum Erhalt oder dem Aufbau einer positiven Beziehung zwischen den betreffenden Schülerinnen und Schülern, die den Konflikt haben, beizutragen.

Im Unterschied dazu wird in der polizeilichen Gewaltprävention in Fall 2 ein Vorgehen gewählt, bei dem der Schutz der eigenen körperlichen Unversehrtheit im Vordergrund steht. Dieses Ziel wird am besten erreicht, wenn das Opfer nachgibt, sich so schnell wie möglich der Situation entzieht und dem Täter/der Täterin keinerlei weitere Angriffsfläche bietet.

Beide Vorgehensweisen sind folglich im jeweiligen Kontext richtig und angemessen. Nicht angemessen wären sie dagegen im jeweils anderen Kontext. So würde es für die schulische Gewaltprävention nicht im Sinne der Gemeinschaft sein, bei Konflikten die Beziehung abzubrechen oder voreinander zu flüchten. Umgekehrt wäre es unter Umständen sogar gefährlich, wenn Kinder und Jugendliche in einer Raubsituation versuchten, mit dem Täter/der Täterin ins Gespräch zu kommen oder zu verhandeln.

Polizeiliche Gewaltprävention in Schulen kann folglich nur zielführend und effizient sein, wenn Kinder und Jugendliche diese unterschiedlichen Situationen kennen, einzuschätzen lernen und die richtigen Verhaltensweisen in der jeweiligen Situation anzuwenden wissen.

Aus diesem Grund sollten in dieser Trainingseinheit Situationen gespielt werden, die sowohl Fall 1 (Setting i. d. R. Schule) als auch Fall 2 (Setting i. d. R. Öffentlichkeit) beinhalten (siehe nachfolgende Anweisung zur Umsetzung der Rollenspiele).

▓ Übung C4: Rollenspiele ▓▓▓▓▓▓▓▓▓▓▓▓▓▓▓▓▓▓▓

Ziel: Differenzierte Wahrnehmung von Konfliktsituationen, bessere Wahrnehmung der und angemessener Umgang mit den eigenen Emotionen, Steigerung der Fähigkeit zur Perspektivenübernahme, Erwerb von Handlungskompetenzen in Provokations- und Bedrohungssituationen in verschiedenen Settings (Schule, Öffentlichkeit)

Vorbereitung und Material: gegebenenfalls Karteikarten mit Rollenspielsituationen (zur eigenen Orientierung oder Rollenspielsituationen kopieren und bereithalten (Abschnitt 7.13)

Sitzordnung: Stuhlkreis

Praktisches Vorgehen für die polizeiliche Fachkraft (oder andere Trainingsperson)

Wählen Sie Situationen aus, die Sie mit den Kindern bzw. Jugendlichen spielen wollen. Achten Sie bei der Auswahl dieser Situationen darauf, dass aus den nachfolgenden drei Typen von Situationen jeweils mindestens eine gespielt wird (ggf. auch mehrere):

1. Rollenspielsituationen im schulischen Alltag → siehe Beispiele im Anhang (Abschnitt 7.13, S. 84 ff.)
2. Rollenspielsituationen im öffentlichen Raum → siehe Beispiele im Anhang (Abschnitt 7.13, S. 84 ff.)
3. Rollenspielsituationen zum Hilfeverhalten → siehe Beispiele im Anhang (Abschnitt 7.13, S. 84 ff.)

Die Situationen werden in chronologischer Reihenfolge gespielt (1 bis 3), mit ansteigender Gefahr bzw. Komplexität. Es können Situationen aus diesem Manual (Anhang), aber auch Situationen, die aus eigener Erfahrung bekannt sind, gespielt werden, so lange sie den zuvor genannten Inhaltsdimensionen entsprechen.

Weiterhin soll in einer der Situationen, die gespielt (oder im Rahmen der Gewaltspirale, siehe Abschnitt 4.4.3, behandelt) wird, das Thema Waffen zum Selbstschutz angesprochen werden. Hier soll den Schülerinnen und Schülern klar werden, dass das Tragen jeglicher Waffen immer die Wahrscheinlichkeit erhöht, dass es zu einer Eskalation des Konflikts kommt, unabhängig davon, für wie befähigt sie sich halten, mit dieser umgehen zu können. Eine Waffe kann ihnen vom Täter/von der Täterin abgenommen und gegen sie gerichtet werden und häufig hat das Opfer gar nicht die Zeit, die eigene Waffe hervorzuholen, um sie zum Einsatz zu bringen. Wenn die Kinder und Jugendlichen auf eine Form des Schutzes Wert legen, kann ihnen nahegelegt werden, einen Schrillalarm bei sich zu tragen.

Für die Durchführung der Rollenspiele wird folgender standardmäßiger Ablauf (pro Situation) empfohlen:

1. Vorbereitung

- Stellen Sie die Situation dar (Situation vorlesen oder erzählen; zum Beispiel beginnen Sie die Einleitung mit »Stellt euch vor, Folgendes passiert …«).
- Stellen *Sie Reflexionsfragen* zu der Situation:
  - Was glaubt ihr, wie fühlt man sich, wenn man diese Situation erlebt? (Hat man Angst? Spürt man Wut oder Ärger? …)
  - Wie versteht ihr die Situation? (Ist die Provokation Absicht, bewusst feindselig, gefährlich …?)
    → Sammeln Sie verschiedene Einschätzungen, um die Fähigkeit des Perspektivenwechsels zu erhöhen!
  - Was würdet ihr tun, welches Verhalten wäre angemessen, um die Situation zu entschärfen? (Ruhig bleiben, nachgeben, Rückzug, Formen der angemessenen Selbstbehauptung …?)
- Wählen Sie nun eine (oder mehrere) Schüler/-innen aus, der/dem/denen sie die Bewältigung bzw. das Spielen des Rollenspiels zutrauen.
- Die Teilnehmer/-innen erklären sich zur Durchführung des Rollenspiels ausdrücklich bereit.

2. Erstes Rollenspiel

- Beginnen Sie mit leichten Situationen (mit stetiger Steigerung des Schwierigkeitsgrades) und fordern Sie den Schüler/die Schülerin auf, zu versuchen, die richtige oder eine der richtigen Lösung/-en zu zeigen.
- Dabei gilt: Ein Rollenspiel darf nie mit Misserfolg enden, die richtige Lösung sollte zumindest immer als letztes gespielt werden.
- Sie können durch Ihr eigenes Spielverhalten »eine Brücke bauen« und auch während des Rollenspiels Hinweise zur erfolgreichen Situationsbewältigung geben (ggf. auch ein Kollege/eine Kollegin, der/die selbst nicht am Rollenspiel beteiligt ist).

3. Feedback

- Reflexion des Gespielten und Gesehenen
  - Wie hat die Gruppe sich gefühlt? Wie bewertet sie das Gesehene?
  - Mit was war die darstellende Person selbst zufrieden und unzufrieden?
- Alternative Handlungsweisen anbieten: Was wäre gegebenenfalls besser gewesen (am besten diese Variante noch einmal spielen)?
- Jedes positive Verhalten oder Verhalten, das in die richtige Richtung geht, soll positiv verstärkt werden (Lob, Bekräftigung).

4. Wiederholung des Rollenspiels

- Kann entfallen, wenn erster Durchgang bereits perfekt war
- Umsetzung der Vorsätze bzw. neu erarbeiteten Lösungen

Wo bleibt bei diesem zuvor beschriebenen Vorgehen der »Überraschungseffekt«?

Einige polizeiliche Präventionsfachkräfte bemessen dem »Überraschungseffekt« einen großen Lerneffekt bei, das heißt, sie konfrontieren Schülerinnen und Schüler in Rollenspielen mit etwas Unvorhersehbarem, weil sie meinen, dieses Vorgehen schaffe eine stärker realitätsnahe Situation. Mit diesem Vorgehen wird jedoch riskiert, dass ein Schüler/eine Schülerin überfordert wird, die Gruppe das falsche, nicht-gewünschte Verhalten erlernt oder die Schülerinnen und Schüler das gewünschte Verhalten nicht mehr vom unerwünschten unterscheiden können, das heißt es am Ende nicht mehr klar ist, was nun eigentlich das richtige Verhalten in dieser Situation ist und welches das falsche.

Wenn Sie dennoch dieses Vorgehen wählen, achten Sie auf Folgendes:

- Kündigen Sie an, dass ein Rollenspiel gespielt wird, bei dem der Teilnehmer/die Teilnehmerin mit etwas konfrontiert wird, was er/sie vorher nicht weiß.
- Wählen Sie auch in diesem Fall eine (oder mehrere) Schüler/-innen aus, die sich für diese Aufgabe ausdrücklich freiwillig zur Verfügung stellen.
- Da bei einer »Überraschungsinszenierung« nicht vorhersehbar ist, ob das Verhalten der schauspielenden Schülerinnen und Schüler in eine gewünschte oder unerwünschte Richtung geht, müssen Sie darauf achten, dass die Anzahl der gespielten unerwünschten Verhaltensweisen keinesfalls höher ist als die Anzahl der erwünschten Verhaltensweisen. Auch hier gilt, dass das richtige Verhalten immer als letzte Sequenz gespielt werden sollte.
- Geben Sie eine klare und deutliche Rückmeldung, die das am Ende gezeigte gewünschte Verhalten bestätigt und verstärkt.

Was ist das richtige Verhalten in den jeweiligen Situationen?

In schulischen Settings, in denen die Konflikte zwischen Schülerinnen und Schülern in der Regel nicht bedrohlich für ihre körperliche Unversehrtheit sind, sondern eher Ausdruck mangelnder Wertschätzung der Schülerinnen und Schüler untereinander oder fehlender Regeln im sozialen Umgang, sind typischerweise die folgenden beiden Strategien vorzuziehen: Die Provokation ignorieren oder Formen einer angemessenen Selbstbehauptung zeigen.

Beispiel: Ein Schüler wirft die Federtasche eines Klassenkameraden herunter. Diese Tat muss nicht Absicht gewesen sein oder kann auch scherzhaft gemeint sein (bspw. eine ungeschickte Art der Kontaktaufnahme). Der Schüler kann dieses Verhalten entweder einfach ignorieren oder eine Form der angemessenen Selbstbehauptung wählen, die dem Erhalt der Beziehung dient (z. B. »Du hast eben meine Federtasche runtergeworfen. Das war sicher keine Absicht, aber ich würde mich freuen, wenn du sie wieder aufhebst.«).

Angemessene Selbstbehauptungen sind Aussagen, die nicht schädigend auf das Gegenüber wirken (also keine Beleidigungen, Unterstellungen, Vorwürfe beinhalten). Idealerweise handelt es sich dabei um »Ich-Botschaften« (Wie: »Ich habe das so oder so wahrgenommen …«, »Ich fühle mich dadurch gekränkt …« »Ich wünsche mir, dass …«). Das Ziel angemessener Selbstbehauptungen ist der Beziehungserhalt bzw. die Verbesserung der Beziehung zwischen zwei Menschen. Die Fähigkeit zur angemessenen Selbstbehauptung ist also ein wichtiger Bestandteil von Konfliktkompetenz.

Bei Bedrohungssituationen im öffentlichen Raum ist die Prinzipienkette, die in den bisherigen AGVen von der Polizei bereits vertreten wurde, das Mittel der Wahl. Hier wäre eine Kontaktaufnahme, wie zuvor beschrieben, gefährlich. Hier sind also alle Verhaltensweisen richtig und angemessen, die die eigene Unversehrtheit schützen, das heißt, nachgeben, Rückzug, gegebenenfalls Öffentlichkeit herstellen, Hilfe holen, Polizei rufen, sich als Zeuge/Zeugin zur Verfügung stellen etc. Auch in Fällen, in denen andere in Gefahr sind, sind die polizeilich vertretenen Strategien zum richtigen Hilfeverhalten zu empfehlen, wie »Opferklau« (nicht der Täter/die Täterin, sondern das Opfer wird unter einem Vorwand angesprochen, um es aus der Situation zu holen) und/oder Öffentlichkeit herstellen etc.

Übung C5: Botschaften sammeln

Ziel: Sicherstellen, dass alles richtig verstanden wurde; besseres Einprägen des Gelernten
Vorbereitung und Material: Lehrkraft notiert die zentralen Botschaften
Sitzordnung: Stuhlkreis

Praktisches Vorgehen für die polizeiliche Fachkraft (oder andere Trainingsperson)

Fordern Sie die Schülerinnen und Schüler auf, noch einmal zu sammeln, was aus ihrer Sicht die zentralen Botschaften dieser Veranstaltung waren. Was nehmen die Schülerinnen und Schüler mit nach Hause?

Bitten Sie die Lehrkraft, die zentralen Botschaften der Klasse mitzuschreiben und diese für die Trainingseinheit 4 »Wiederholung und Vertiefung« zu nutzen. Wichtig ist, dass nur die richtigen Verhaltensregeln festgehalten werden.

Die Botschaften, welche die Kinder und Jugendlichen nennen, können allgemeiner Natur sein (z. B. »Ich lasse mich nicht zum Täter/zur Täterin machen!«). Sie sollten aber auch – und vor allem – konkrete Verhaltensregeln beinhalten. Geben Sie dabei den Schülerinnen und Schülern Hilfestellung, beispielsweise indem Sie sie auffordern, Wenn-dann-Sätze zu formulieren. Falsche Antworten korrigieren Sie!

Beispiele:
Wenn ich in der Schule geärgert werde, *dann ...*
- bleibe ich ruhig.
- sage ich, wie ich mich dabei fühle (Ich-Botschaft).
- sage ich, was ich mir von dem anderen Mitschüler/der anderen Mitschülerin wünsche (Ich-Botschaft).

4.4.5 Übung C5: Zentrale Botschaften

Diese kurze abschließende Trainingseinheit dient folgenden Zielen:
1. Sicherstellung, dass das Gelernte richtig verstanden wurde,
2. bessere Verankerung dieses Wissens und der zentralen Botschaften.

Am Ende dieser Trainingseinheit sollten noch einmal die zentralen Botschaften der Veranstaltung mit den Schülerinnen und Schülern besprochen werden. Durch dieses Vorgehen wird sichergestellt, dass die Schülerinnen und Schüler die zentralen Botschaften (und die damit verbundenen Verhaltenstipps) verstanden und sich gemerkt haben.

- hole ich Hilfe, zum Beispiel bei den Konfliktlotsen oder der Schulstation.

Wenn ich auf der Straße von anderen bedroht werden, *dann ...*
- gebe ich nach.
- trete ich den Rückzug an.
- hole ich Hilfe, rufe ich die Polizei.

Wenn ich sehe, dass andere auf der Straße bedroht werden, *dann ...*
- rufe ich das Opfer zu mir.
- stelle ich Öffentlichkeit her (spreche Passanten an, um gemeinsam zu helfen).
- rufe ich die Polizei.

Zum Abschuss dieser Trainingseinheit loben Sie die Schülerinnen und Schüler für ihre Mitarbeit und verabschieden sich.

4.5 Trainingsmodul 4: Wiederholung und Vertiefung (circa 90 Minuten)

Mit dieser letzten Trainingseinheit werden folgende Ziele angestrebt:
1. *Verständnis des Unterschieds zwischen Provokations- und Bedrohungssituationen:* Die Kinder und Jugendlichen spüren, dass sie auf beide Situationen anders reagieren: Bedrohungen lösen eher Angst aus, Provokationen eher Wut oder Ärger. Sie kennen angemessene Verhaltensweisen in beiden Arten von Situationen.

2. *Verinnerlichung von Techniken zur Selbstregulation:* Die Kinder und Jugendlichen lernen Techniken anzuwenden, um in stark emotionalen Situationen ruhig zu bleiben.
3. *Verinnerlichung von Regeln zum Umgang mit sozial-herausfordernden Situationen:* Die Kinder und Jugendlichen können Wenn-dann-Regeln im Umgang mit Bedrohungs- und Provokationssituationen formulieren.

4. *Identifikation mit diesen Regeln in der Schulklasse:* Die Kinder und Jugendlichen können sich mit den vereinbarten Regeln in der Klasse zum Umgang mit diesen beiden Situationen identifizieren. Sie akzeptieren die Regeln und zeigen Bereitschaft, diese auch zukünftig anzuwenden.

Übersicht über die Übungen des Trainingsmoduls 4: Wiederholung und Vertiefung

Übung	Dauer (ca.)	Material
D1: Überprüfung des Gelernten	20 min	keines
D2: Verhalten in sozial herausfordernden Situationen	25 min	PDF-Datei aus Trainingsmodul 3, Übungen C3/C4
D3: Selbstregulationstechniken	10 min	Arbeitsblatt »Angemessene Reaktionen in Konflikten«, Aufgabe 1
D4: Ich-Botschaften in Konflikten	10 min	Arbeitsblatt »Angemessene Reaktionen in Konflikten«, Aufgabe 2
D5: Klassenregeln	25 min	Flipchart, Stift, Notizen, zentrale Botschaften (Trainingsmodul 3) bereithalten
		Gesamtdauer: circa 90 Minuten

4.5.1 Wissensauffrischung

Zu Beginn der letzten Trainingseinheit soll zunächst mit den Schülerinnen und Schülern wiederholt werden, was in dem vorangegangen Trainingsmodul (ggf. durch die polizeiliche Präventionsfachkraft) vermittelt wurde. Durch folgende Einführung kann die Stunde eröffnet werden:

Einführung zur Erläuterung vor der Klasse:
Vor Kurzem war Herr XY/Frau XY von der Polizei bei euch und hat mit euch darüber gesprochen, welche Arten von Gewalt es gibt und wie ihr euch in gefährlichen Situationen oder in Situationen, in denen euch jemand provozieren will, richtig verhaltet. [Alternativ: Vor Kurzem haben wir darüber gesprochen, welche Arten von Gewalt es gibt und wie ihr euch in gefährlichen Situationen oder in Situationen, in denen euch jemand provozieren will, richtig verhaltet.] In der heutigen Sitzung möchte ich mit euch die behandelten Themen noch einmal wiederholen und einige Übungen dazu mit euch durchführen.

Übung D1: Überprüfung des Gelernten

Ziel: Wiederholung der in Trainingsteil 3 behandelten Themen und Botschaften
Vorbereitung und Material: keines
Sitzordnung: nach Wahl
Optimale Gruppengröße: 5 bis 35 Schülerinnen und Schüler (Klein- und Großgruppen)

Praktisches Vorgehen für die Lehrkraft
Fordern Sie die Schülerinnen und Schüler auf, zu wiederholen, was sie in dem letzten Training (ggf. mit der polizeilichen Präventionsfachkraft) gelernt haben. Korrigieren bzw. ergänzen Sie an den Stellen, wo es nötig ist.

Checkliste (zur Lösung):

– Formen der Gewalt:
  - Körperliche Gewalt (z. B. schlagen, treten), verbale Gewalt (z. B. Beleidigungen, Beschimpfungen), soziale Gewalt (z. B. Gerüchte verbreiten, jemanden aus der Klassengemeinschaft ausschließen)
  - Worin unterscheiden sich diese Formen von Gewalt? Manche sind direkt beobachtbar (körperlich, verbal), andere (soziale Gewalt) in der Regel nicht.
  - Was haben diese Formen von Gewalt gemeinsam? Sie richten immer Schaden an, sie verletzen einen Menschen.
– Die Entwicklung von Gewalt (Gewaltspirale):
  - Wenn man provoziert wird (z. B. beleidigt), neigt man dazu, in einer Art und Weise zu reagieren, die eine Situation eskalieren lässt, zum Beispiel indem man den anderen auch beleidigt. So schaukelt sich der Prozess hoch, bis es sogar zu körperlichen Auseinandersetzungen kommen kann.
  - Man wird dadurch manchmal sogar selbst zum Täter/zur Täterin.

– Richtiges Verhalten in Provokationssituationen (z. B. ein Klassenkamerad ärgert mich):
  - Ruhig bleiben und durchatmen (auch und gerade wenn man wütend ist)
  - Das Verhalten ignorieren (weggehen) oder mit einer angemessenen Form der Selbstbehauptung reagieren (z. B. die eigenen Gefühle hervorheben; Ich-Botschaften senden; nachfragen, wie ein Verhalten gemeint war).
– Richtiges Verhalten in Bedrohungssituationen (z. B. jemand will mein Handy klauen und droht mit Schlägen)
  - Nachgeben und Zurückziehen
  - Meldung bei der Polizei, Hilfe holen
– Richtiges Hilfeverhalten (jemand anderes ist in Not/Gefahr):
  - Helfen, ohne sich selbst in Gefahr zu bringen
  - Andere Personen ansprechen und auffordern, gemeinsam dem Opfer zu helfen
  - Das Opfer aus der Situation holen, ohne den Täter/die Täterin anzusprechen oder zu provozieren.

▨ Übung D2: Vertiefung: Richtiges Verhalten in sozial herausfordernden Situationen

Ziel: Vertiefung des Wissens von angemessenen Verhaltensweisen in sozial herausfordernden Situationen (Provokationssituation, Bedrohungssituation, Hilfeverhalten)

Vorbereitung und Material: Auswahl von jeweils einer Rollenspielsituation aus Abschnitt 7.13, S. 84 ff. (schulischer Alltag, öffentlicher Raum, Hilfeverhalten), diese ausdrucken und vorlesen oder gegebenenfalls auf Basis der PDF-Datei-Vorlage (zu Trainingsmodul 3, Übungen C3/C4) an die Wand projizieren

Sitzordnung: nach Wahl

Optimale Gruppengröße: 5 bis 35 Schülerinnen und Schüler (Klein- und Großgruppen)

Praktisches Vorgehen für die Lehrkraft

Wählen Sie aus den Rollenspielsituationen zu jedem Themenfeld mindestens eine Situation. Lesen Sie die Situation vor, gegebenenfalls projizieren Sie den Text an die Wand und lesen Sie ihn gemeinsam mit der Klasse.

Stellen Sie den Schülerinnen und Schülern folgende Fragen: »Was würdet ihr in dieser Situation fühlen? Wie versteht ihr die Situation? Was würdet ihr in dieser Situation tun?« Lassen Sie die Schülerinnen und Schüler ruhig jeweils mehrere Perspektiven und Lösungen sammeln und selbst bewerten. Korrigieren Sie gegebenenfalls Handlungsweisen, die in dieser Situation nicht angemessen wären, sondern zu einer Eskalation führen würden.

Lösungen sollten in etwa folgendem Muster entsprechen (hier erfolgt eine Auswahl der Lösungen für die Situationen A, E, G, H; vgl. Tabelle 7):

Tabelle 7: Mögliche Lösungen zu Rollenspielsituationen

	A	E	G	H
Situation	»Schneeball«	»S-Bahn«	»U-Bahnhof«	»Spielplatz«
Einordnung	Provokation (Schule)	Provokation (Öffentlichkeit)	Bedrohung (Öffentlichkeit)	Hilfeverhalten
Gefühl	*Angst, vielleicht auch Ärger*	*Ärger, vielleicht auch Angst*	*Angst*	*Angst, Sorge*
Interpretation	*Das Mädchen denkt, es war Absicht, sie zu treffen.*	*Mehrdeutig. Es muss nicht feindselig gemeint sein.*	*Eindeutig feindselig und gefährlich.*	*Eindeutig feindselig und gefährlich für das Mädchen. Und bei Einmischung auch für einen selbst.*
Handlung	*Ruhig bleiben. Angemessene Selbstbehauptung, Klärung (wie: Ich verstehe, dass du sauer bist. Aber es war keine Absicht. Tut mir wirklich leid.)*	*Ruhig bleiben, ihm den Sitzplatz überlassen, ggf. in Kombination mit angemessener Selbstbehauptung, wie: Ich bin auch müde und möchte sitzen, aber ich überlasse Ihnen den Sitz, denn ich möchte mich deshalb nicht streiten.*	*Nachgeben, das Geld herausgeben, danach die Polizei informieren.*	*Herumstehende ansprechen, bitten zu helfen. Die Polizei rufen, die Polizei über die Filmaufnahme informieren.*

Stellen Sie sicher, dass am Ende jeder Situation immer das richtige Verhalten in dieser Situation festgehalten wird. Loben Sie die Schülerinnen und Schüler nach der Erarbeitung der richtigen Ergebnisse.

4.5.2 Strategien im Umgang mit starken Emotionen

Übung D3: Selbstregulationstechniken

Ziel: Kennen von Strategien, um in stark emotionalen Situationen ruhig zu bleiben
Vorbereitung und Material: Arbeitsblatt »Angemessene Reaktionen in Konflikten«, Abschnitt 7.14 (S. 88), Kopien in Anzahl der Schülerinnen und Schüler, bearbeitet wird nur Aufgabe 1
Sitzordnung: nach Wahl
Optimale Gruppengröße: 5 bis 35 Schülerinnen und Schüler (Klein- und Großgruppen)

Praktisches Vorgehen für die Lehrkraft
Sagen Sie den Schülerinnen und Schülern, dass es nicht immer leicht ist, in den Situationen, die sie eben besprochen haben bzw. mit denen sie in der letzten Trainingseinheit konfrontiert wurden, ruhig zu blei-

ben. Dabei ist es vor allem in Konfliktsituationen, wenn man sich ärgert, besonders wichtig, ruhig zu bleiben, damit der Streit nicht eskaliert. Teilen Sie das Arbeitsblatt aus und teilen Sie den Schülerinnen und Schülern mit, dass sie dort ein paar Methoden kennenlernen, wie sie in Situationen, in denen sie ärgerlich sind, ruhig bleiben können. Es geht nur um die Bearbeitung der Aufgabe 1. Die Schülerinnen und Schüler sollen Aufgabe 1 jede/-r für sich durchlesen und im Arbeitsblatt ergänzen, welche Methoden ihnen selbst noch einfallen, um sich zu beruhigen, wenn sie ärgerlich sind.

Besprechen Sie nach etwa 3–4 Minuten, wenn alle Schülerinnen und Schüler die Aufgabe bearbeitet haben, das Arbeitsblatt:

- Welche der im Arbeitsblatt beschriebenen Methoden kennen sie?
- Welche Erfahrungen haben sie damit gemacht?
- Welche Methoden sind ihnen außerdem noch eingefallen, die dazu beitragen, sich selbst zu beruhigen? (Bitte kommentieren Sie an dieser Stelle gegenüber den Schülerinnen und Schülern deren Eignung.)

Schließen Sie diese Übung mit der Bitte ab, die genannten Methoden in den nächsten Tagen in einer passenden Situation – in der Schule, Zuhause etc. – auszuprobieren.

4.5.3 Deeskalation durch Ich-Botschaften

Erinnern Sie die Schülerinnen und Schüler daran, wie wichtig Kommunikation ist, um Konflikte klären zu können bzw. diese gar nicht erst auftreten zu lassen. Hierfür sollen die Schülerinnen und Schüler (ggf. wiederholt, falls die Übung B4b im Trainingsmodul 2 durchgeführt wurde) üben, angemessene Formulierungen zu finden.

Übung D4: Ich-Botschaften in Konflikten

Ziel: Formulieren von Ich-Botschaften in Konfliktsituationen, die Ärger auslösen
Vorbereitung und Material: Kopien des Arbeitsblatts Abschnitt 7.14 (S. 88) in Anzahl der Schülerinnen und Schüler, bearbeitet wird nur Aufgabe 2
Sitzordnung: nach Wahl
Optimale Gruppengröße: 5 bis 35 Schülerinnen und Schüler (Klein- und Großgruppen)

Praktisches Vorgehen für die Lehrkraft
Teilen Sie den Schülerinnen und Schülern mit, dass sie nun Aufgabe 2 des Arbeitsblatts bearbeiten sollen. Darin sind drei Situationen beschrieben, in denen ein Schüler oder eine Schülerin nicht angemessen reagiert. Sie sollen es besser machen und aus der Du-Botschaft eine Ich-Botschaft formulieren.

Nach 2–3 Minuten Bearbeitungszeit besprechen Sie mit den Schülerinnen und Schülern die Lösungen (vgl. Tabelle 8).

Tabelle 8: Lösungsbeispiele zu Konfliktsituationen

Situation	Besser wäre, wenn er/sie gesagt hätte: »Ich …«
Jan hat Michael am Tag zuvor, als sie verabredet waren, versetzt. Jan sagt zu Michael: »Du bist total bescheuert, mich da einfach stehenzulassen.«	*»Ich war enttäuscht, als du nicht kamst. Ich möchte gerne, dass du das nächste Mal Bescheid sagst, wenn dir etwas dazwischenkommt.«*
Mila und Murat sollen ein Referat zusammen vorbereiten, aber die ganze Arbeit bleibt an Murat hängen. Murat sagt: »Du spinnst wohl. Das nächste Mal kannst du dir einen anderen Idioten dafür suchen.«	*»Ich ärgere mich, weil ich alles alleine machen musste. Ich möchte gerne, dass du mich beim nächsten Mal unterstützt.«*
Als Maria auf den Pausenhof kommt, zeigt Annika auf Marias neue Frisur, flüstert den anderen in der Gruppe etwas zu und lacht. Maria schreit daraufhin: »Guckt mal lieber selber in den Spiegel, ihr bekloppten Tussis.«	*»Ich finde es nicht gut, wenn ihr so über mich redet. Das verletzt mich. Mir gefällt meine Frisur gut. Also lasst bitte solche Kommentare.«*

Besprechen Sie nach der Darstellung verschiedener Lösungen kurz die Vorteile von Ich-Botschaften:
- Ich-Botschaften geben eine persönliche Meinung wieder und erzeugen weniger Abwehr.
- Sie geben niemandem die Schuld und beleidigen niemanden.
- Sie ermöglichen das Benennen eigener Bedürfnisse und Gefühle.
- Sie fördern die Bereitschaft, über das eigene Handeln nachzudenken und sich beim nächsten Mal anders zu verhalten.
- Sie signalisieren gegenseitige Wertschätzung und fördern die Beziehung.

4.5.4 Klassenregeln

In dieser letzten Trainingssequenz sollen abschließend Regeln, die Bezug nehmen auf die gelernten Verhaltensweisen, für die Klasse gemeinsam bestimmt werden. Das Ziel ist, dass die Schülerinnen und Schüler darüber Einigung erzielen und sie diese zukünftig zur Handlungsorientierung heranziehen. Dafür ist es sinnvoll, wenn diese Regeln gut sichtbar im Klassenzimmer aufgehängt werden.

Übung D5: Klassenregeln

Ziel: Sammeln von verbindlichen sozialen Regeln (unter Verwendung des Gelernten), die zukünftig in der Schulklasse gelten sollen

Vorbereitung und Material: Flipchart-Papier, gegebenenfalls später das Flipchart-Papier als großen Posterdruck im Klassenraum aufhängen; die notierten Verhaltensbotschaften aus dem Trainingsmodul 3 mit den Wenn-dann-Regeln parat halten

Sitzordnung: nach Wahl

Optimale Gruppengröße: 5 bis 35 Schülerinnen und Schüler (Klein- und Großgruppen)

Praktisches Vorgehen für die Lehrkraft

Erinnern Sie die Schülerinnen und Schüler daran, dass sie in den vergangenen Sitzungen sehr viel darüber gelernt haben, wie sie sich in Situationen, in denen sie sich provoziert oder bedroht fühlen, verhalten sollen. Sagen Sie, dass Sie nun gerne mit ihnen gemeinsam festhalten wollen, wie sie dieses Wissen zukünftig in der Schulklasse dafür nutzen können, um zu erreichen, dass alle sich in der Schulklasse sicher und wohlfühlen. Nehmen Sie zunächst als Vorlage die Verhaltensbotschaften, die am Ende des Trainingsmoduls 3 erarbeitet wurden und gehen Sie diese mit den Schülerinnen und Schülern durch: Welche dieser Regeln sind passend und wichtig für den Umgang in dieser Klasse? Schreiben Sie diejenigen Regeln auf das Flipchart-Papier, die alle Schülerinnen und Schüler im Umgang miteinander wichtig finden. Um die Verbindlichkeit zu erhöhen, können Sie am Ende dieser Sammlung alle Schülerinnen und Schüler auf dem Flipchart-Papier unterschreiben lassen.

Achten Sie bei der Formulierung von Regeln auf Folgendes:

– Wählen Sie positive Formulierungen (Schreiben Sie nur das erwünschte Verhalten auf, nicht das unerwünschte; zum Beispiel »In einem Streit lasse ich den anderen ausreden.« *Nicht:* »In einem Streit falle ich dem anderen nicht ins Wort.«)

– Formulieren Sie konkrete und beobachtbare Verhaltensweisen (z. B. »Im Streit benutze ich Ich-Botschaften.« *Nicht:* »Ich verhalte mich wertschätzend.«

Das ist zwar gut, aber sehr abstrakt und schwer zu beobachten.)

– Formulieren Sie nicht zu viele Regeln, sondern die wichtigsten (maximal acht).

Wenn Sie die Regeln alle niedergeschrieben haben, fragen Sie noch einmal in die Runde, ob alle mit diesen Regeln einverstanden sind und einwilligen, diese zukünftig zu beachten. Besprechen Sie im Anschluss, wie das Umsetzen dieser Regeln zukünftig kontrolliert werden kann, beispielsweise könnte die Einhaltung der Regeln wöchentlich besprochen werden; es könnte ein Schüler/eine Schülerin ausgewählt werden, der/die (jeweils in einem bestimmten Zeitraum) auf deren Einhaltung im Besonderen achtet.

Wichtig: Die erarbeiteten Klassenregeln sollten *in schriftlicher Form gut sichtbar* im Klassenraum aufgehängt werden.

Fazit zur Beendigung der Sitzung und des Trainings insgesamt:

In den letzten Stunden konntet ihr viel über euch lernen: was euch wütend macht, was euch Angst macht, wie sich das anfühlt und auch wie wir diese Gefühle bei anderen erkennen. Ihr habt gelernt, wie wichtig es ist, sich in Konflikten in die Situation der anderen Person hineinzuversetzen und zu versuchen, ihre Gefühle und Sicht der Dinge zu verstehen. Manchmal gibt es aber auch Situationen, in denen wir so wütend sind, dass wir alles, was wir gelernt haben, vergessen. Denkt in diesen Momenten daran, tief durchzuatmen und euch zu beruhigen. Erst dann könnt ihr wieder klar denken und kontrolliert handeln. Mit den Regeln, die wir heute zusammen erarbeitet haben, haben wir eine weitere Grundlage dafür geschaffen, zukünftig besser miteinander umzugehen.

Eine Übersicht aller Trainingsmodule mit den dazugehörigen Übungen befindet sich (als Kopiervorlage) im Anhang (Abschnitt 8, S. 89)

5 Evaluation und Evidenzbasierung

In den letzten Jahren hat sich mehr und mehr die Position durchgesetzt, derzufolge in der Gewaltprävention nur solche Programme gefördert werden sollten, deren Wirksamkeit mit wissenschaftlichen Methoden nachgewiesen wurde, die also als evidenzbasiert gelten können (Bannenberg et al., 2013). Beispielhaft für diese Position ist die vom Landespräventionsrat Niedersachsen vorgehaltene Datenbank »Grüne Liste Prävention«[5], in der ausschließlich evidenzbasierte Präventionsprogramme gelistet sind und die Interessierten die Auswahl geeigneter Programme ermöglichen möchte.

Durch dieses Vorgehen soll gewährleistet werden, dass öffentliche Gelder sparsam und nutzenorientiert verwendet werden, das heißt der Nutzen dieser Maßnahmen die Kosten aufwiegt. Darüber hinaus müssen Maßnahmen, die mit Kindern und Jugendlichen realisiert werden, in Bezug auf ihre ethische Unbedenklichkeit geprüft sein: Es muss sichergestellt sein, dass Kinder und Jugendliche durch die Teilnahme an schulischen Gewaltpräventionsprogrammen auch wirklich profitieren bzw. – das ist die moralisch-ethische Mindestanforderung – keinerlei Schaden nehmen (nicht intendierte Nebenwirkungen, wie etwa eine Induzierung von Angst oder gar Traumatisierungen durch die Konfrontation mit unbewältigbaren Problemen sollen vermieden werden).

Aus diesem Grund ist es wichtig, Präventionsprogramme vor ihrer Verbreitung ausreichend zu evaluieren. Evaluation meint dabei, dass mit wissenschaftlichen Methoden überprüft wird, inwieweit durch das jeweilige Programm die intendierten Ziele tatsächlich erreicht werden (Wirkungsevaluation) und inwiefern die praktische Umsetzung einheitlich und dem Konzept entsprechend zuverlässig durchgeführt wird (Umsetzungsevaluation; Bannenberg et al., 2013, S. 23).

Mit der Evaluation der Berliner AGVen in den Jahren 2013/2014 (Neuhaus et al., 2015), welche in dem vorliegenden Programm dem Trainingsmodul 3 (»Handlungskompetenzen«) entsprechen, erfolgte ein wichtiger Schritt in Richtung einer Evidenzbasierung des vorliegenden Trainingsprogramms. Evidenzbasierung meint, dass mit wissenschaftlich anerkannten Methoden überprüft wurde, inwiefern es mit dem Programm gelingt, die konzeptuell vorgesehenen Ziele dieser Trainingseinheit zu erreichen (Bannenberg et al., 2013, S. 23). Nachfolgende Ergebnisse beziehen sich auf die Ergebnisse der Wirkungs- und Prozessevaluation des Trainingsmoduls 3 (ehemalige AGVen) der Polizei Berlin sowie auf die Ergebnisse der Umsetzungsevaluation der Trainingsmodule 1 und 2. Eine Evaluation des Gesamtprogramms ist zukünftig geplant, wenn es gelingt, die dafür notwendigen finanziellen Mittel einzuwerben.

Dargestellt werden die zentralen Ergebnisse der Wirkungsevaluation des Trainingsmoduls 3 (Abschnitt 5.1), dessen Ergebnisse zur Umsetzungsevaluation (Abschnitt 5.2), Ergebnisse der Evaluation spezifischer Übungen am Beispiel der Bilderserie für jüngere Schülerinnen und Schüler (Übung B2a) zum Thema »Voreiliges Schlussfolgern« (Abschnitt 5.3) und abschließend Empfehlungen zur Qualitätssicherung (Abschnitt 5.4).

5.1 Ergebnisse der Wirkungsevaluation (Trainingsmodul 3, ehemalige AGVen)

Um die Wirkung des Trainingsprogramms empirisch bewerten zu können, müssen die Adressaten des Programms befragt werden. Da der Aufwand, finanziell und zeitlich, in diesem Fall sehr hoch ist, konnte bisher eine Wirkungsevaluation nur für die ursprünglichen AGVen (diese entsprechen weitestgehend dem Trainingsmodul 3 des vorliegenden Manuals) realisiert werden.

Um die Wirkung der AGVen zu überprüfen, wurden im Jahr 2013 1527 Berliner Schülerinnen und Schüler (im Längsschnitt: 1091 Schülerinnen und Schüler, überwiegend der Klassenstufen 7 und 8) befragt. Die Schulklassen wurden unterschiedlichen Bedingungsgruppen zugeteilt: Eine Gruppe ohne jegliches Training (Kontrollgruppe), eine Gruppe mit einer vierstündigen AGV (180 Minuten) und eine Gruppe mit einer AGV plus einer einstündigen Auffrischungsstunde nach 12 Wochen wurden miteinander verglichen. Gegenstand der dreimaligen (Trainingsgruppen) bzw. zweimaligen Befragung (Kontrollgruppe) waren nachfolgende Bereiche:
– gewaltförderliche Einstellungen (wie gewaltförderliche Männlichkeitseinstellungen),
– das Wissen über und Kompetenzen im Umgang mit Provokationen und

- tatsächliche Verhaltensweisen (u. a. aggressives Verhalten in den letzten zwölf Wochen).
- Da die Trainings von Präventionsfachkräften der Polizei Berlin durchgeführt wurden, wurden die Schülerinnen und Schüler weiterhin zu ihren Einstellungen zur Polizei befragt (u. a. Anzeigeverhalten).

Bei den trainierten Schülerinnen und Schülern zeigten sich vom ersten zum zweiten Messzeitpunkt signifikante positive Veränderungen in nahezu allen Einstellungsbereichen: Die Schülerinnen und Schüler verfügten nach den Trainings über mehr Wissen (u. a. Jugendstrafrecht) und bessere Handlungskompetenzen (u. a. Umgang mit Provokationen), die Einstellungen gegenüber der Polizei wurden (noch) positiver, die Bereitschaft, Straftaten anzuzeigen, stieg, die Zustimmung zu gewaltförderlichen Männlichkeitsnormen (Hypermaskulinität) nahm ab und die Wahrnehmung von Gewalt wurde differenzierter. Allerdings wurde in der Ausgangsmessung deutlich, dass die Lehrkräfte offenbar relativ gezielt diejenigen Klassen als Trainingsklassen ausgewählt hatten, die vorab ein vergleichsweise größeres Problemverhalten aufwiesen. Aus diesem Grund führten die erzielten Verbesserungen bei den trainierten Schülerinnen und Schülern vereinzelt nur dazu, dass sie durch das Training das Ausgangsniveau der Vergleichsgruppe (Kontrollgruppe) einholten.

Die Vergleiche der Ergebnisse vom ersten Messzeitpunkt (Ausgangsmessung) zum dritten Messzeitpunkt (Follow-up-Befragung, zwölf Wochen später) belegen, dass sich die trainierten Schülerinnen und Schüler über die Zeit signifikant mehr Wissen und Handlungskompetenzen aneigneten als die nichttrainierten Schülerinnen und Schüler und diese positiven Veränderungen auch über die Zeit stabil blieben. Weiterhin konnten signifikante positive Effekte im Bereich des Abbaus gewaltförderlicher Männlichkeitseinstellungen und einer Steigerung der Anzeigebereitschaft nachgewiesen werden, allerdings nur für Schülerinnen und Schüler, die zusätzlich die Auffrischungsstunde erhalten hatten.

In anderen Bereichen (Einstellungen gegenüber der Polizei, Gewaltwahrnehmung) fielen die positiven Veränderungen über die Zeit wieder ab. Es konnten keine Veränderungen (weder im positiven, noch im negativen Sinne) im Bereich der Aggressionsbereitschaft belegt werden. Bei dem vorliegenden Trainingsmodul 3 handelt es sich um das optimierte Konzept, mit dem eine Behebung der zuvor beschriebenen Mängel intendiert wurde.

Die präzisen Ergebnisse der Wirkungsevaluation der AGVen sind in Neuhaus et al. (2015) bzw. auch in ausführlicher Form im Abschlussbericht zur Evaluation (Kleiber, Hannover u. Neuhaus, 2014) dargestellt.

5.2 Ergebnisse der Umsetzungsevaluation

Die Bewertung der Umsetzungsqualität des Programms wurde in zwei Schritten vorgenommen: In einem ersten Schritt wurde die Umsetzungsevaluation der ursprünglichen AGVen (entspricht jetzt Trainingsmodul 3) vorgenommen (Kleiber et al., 2014); hierbei wurden Merkmale der Trainerinnen und Trainer, in diesem Fall die Präventionsfachkräfte der Polizei Berlin (u. a. Kompetenzen, tätigkeitsbezogene Motivation, Selbstwirksamkeitserleben), und Merkmale der Trainings (u. a. Zufriedenheit aus Sicht der Beteiligten, strukturelle und inhaltliche Umsetzungsmerkmale) bewertet. In einem zweiten Schritt wurde auf Basis dieser Ergebnisse eine Optimierung dieses Trainingsteils vorgenommen, die Trainerinnen und Trainer mit dem neuen Manual geschult und die Umsetzungsqualität wiederholt evaluiert.

Die Ergebnisse der ersten Umsetzungsevaluation (2013) auf Basis der Befragungen von 37 Präventionsbeauftragten (d. h. polizeilichen Präventionsfachkräften) der Polizei Berlin zeigen, dass die Maßnahmen zum Zeitpunkt der Befragung nicht immer konzepttreu, aber mit ausgesprochen hohem Engagement (gemessen an der tätigkeitsbezogenen Motivation und Selbstwirksamkeit) durchgeführt wurden. Hinsichtlich der selbsteingeschätzten Kompetenzen der Präventionsbeauftragten wurde deutlich, dass diese ihre Fähigkeiten in der Vermittlung von Wissen und Handlungskompetenzen als höher einschätzten als ihre wissenschaftlichen Kenntnisse zu Fragen der Entstehung, Aufrechterhaltung und Prävention von Gewalt und Delinquenz an Schulen. Eine ausführliche Darstellung der Ergebnisse zur ersten Umsetzungsevaluation erfolgt in Kleiber et al. (2014).[6]

Auf Basis der zuvor beschriebenen Ergebnisse wurden die AGVen überarbeitet und verbessert; das auf diese Weise optimierte Manual entspricht Trainingsmodul 3 des vorliegenden Programms. Die Gruppe der Präventionsbeauftragten der Polizei Berlin wurde mit dem optimierten Manual zum Trainingsmodul 3 geschult, hierbei wurden ihnen auch grundlegende wissenschaftliche Modelle zur Entstehung aggressiven Verhaltens bei Kindern und Jugendlichen in Gruppenkontexten (vgl. Kapitel 1) vermittelt. Die Ergebnisse der darauffolgenden zweiten Umsetzungsevaluation, an der nur 16 Präventionsbeauftragte der Polizei Berlin teilnahmen, ergaben ein recht positives Bild: Auf Ebene des Konzepts wurde das optimierte Trainingsmanual in seiner Ausgestaltung von der Mehrheit der Befragten als verständlich eingeschätzt. Die in den jeweiligen Trainingseinheiten formulierten Lernziele wurden für sinnvoll erachtet. Hinsichtlich der zeitlichen Rahmenvorgaben zeigten sich vereinzelt Abweichungen, die in dem vorliegenden Trainingsmanual (Trainingsmodul 3) bereits entsprechend angepasst wurden. Gewisse zeitliche Abweichungen bei der Durchführung einzelner Übungen sind jedoch erwartbar, da diese auch als eine angemessene Anpassung der Übungen an unterschiedliche Alters- und Leistungsgruppen anzusehen sind. Einige der Befragten fühlen sich durch das Manual in ihrer Gestaltungsfreiheit eingeschränkt und kritisierten in diesem Zusammenhang, dass der »starre Ablauf« des Manuals für die Erreichung der Lernziele hinderlich wäre. Allerdings ist das vorliegende Trainingsmanual so konzipiert, dass bezüglich der Auswahl einzelner Übungen und Rollenspielsituationen auch zukünftig gewisse Freiheitsgrade in der Umsetzung bestehen.

Bei Interesse können die detaillierten Ergebnisse zur zweiten Umsetzungsevaluation im entsprechenden Projektbericht (Kleiber, Hannover, Neuhaus u. Keller, 2016) bei der Verfasserin angefragt werden.

5.3 Evaluation spezifischer Übungen: Voreiliges Schlussfolgern

Im Zuge der Konzeption wurde deutlich, dass bewährte Materialien nicht für alle Altersgruppen, die mit dem vorliegenden Programm angesprochen werden sollen, geeignet sind, insbesondere für jüngere Kinder gestaltete sich die Sammlung geeigneten Materials punktuell als schwierig. Aus diesem Grund wurde damit begonnen (und dies ist als fortlaufender Prozess zu sehen) Materialien zu konzipieren, die ganz spezifische Fähigkeiten und Fertigkeiten fördern und zielgruppengerecht, das heißt am Entwicklungsstand der Kinder und Jugendlichen orientiert, gestaltet sind.

Im Rahmen des Projekts »Entwicklung von Materialien zur Reduktion feindseliger Attributionen bei Heranwachsenden (EMRAH)« (unter der Leitung von Prof. Dr. Janine Neuhaus), das in der Zeit vom 01.07.2017 bis 31.12.2017 von der Landeskommission Berlin gegen Gewalt gefördert wurde, entstand eine Bilderserie, mit deren Hilfe vornehmlich voreiliges Schlussfolgern – und damit verbundene potenzielle feindselige Zuschreibungen – bei jüngeren Kindern (ab Klasse 5) reduziert werden soll. Diese Übung (im Manual: Übung B2a) ergänzt das Bild-material der vergleichbaren Übung B2b, die eher für Jugendliche und Erwachsene (ab Klasse 9) geeignet ist. Das Bildmaterial aus Übung B2b wurde von der Arbeitsgruppe Neuropsychologie des Uniklinikums Hamburg-Eppendorf an erwachsenen Probandinnen und Probanden erprobt, wobei die Stichproben aus Patientinnen und Patienten mit psychischen Beeinträchtigungen bestanden, deren Symptome (wie bei Menschen mit aggressiver Verhaltensdisposition) mit Denkverzerrungen und Wahrnehmungsdefiziten einhergehen (Jelinek, Kohlbeck u. Moritz, 2016; Moritz et al., 2014).

Das Bildmaterial für Übung B2a, welches sich gezielt an jüngere Kinder richtet, wurde (unter studentischer Beteiligung) von der Verfasserin konzipiert, von der Psychologin und Künstlerin Alina Marie Gärtig illustriert und schließlich im Dezember 2017 einer ersten Wirkungsevaluation unterzogen. Das Ziel der Evaluation bestand darin, zu überprüfen, ob die gewünschten Lernziele mithilfe der Bilderserie erreicht werden. Angenommen wurde, dass Kinder nach Durchführung der Übung B2b weniger häufig feindselige Zuschreibungen in mehrdeutigen Situationen vornehmen und weniger starre Denkmuster[7] aufweisen, dies sollte insbesondere der Fall sein, wenn Kinder zu reaktiv-aggressivem Verhalten neigen. Neben Aussagen über die Wirkung wurden auch sogenannte Zufriedenheitsmaße erfasst, beispielsweise, ob die Kinder Freude an der Durchführung der Übung hatten. Einschränkend ist darauf hinzuweisen, dass in dieser Studie eine Kontrollgruppe und Follow-up-Messungen nicht zu realisieren waren.

An der Evaluation nahmen 77 Schülerinnen und Schüler, davon 57 Prozent Mädchen, aus vier 5. Klassen und drei 6. Klassen einer Grundschule in Berlin-Kreuzberg teil. Die Schülerinnen und Schüler waren in einem Alter von 10 bis 12 Jahren (MW = 10.7, SD = 6.4). Mit 74 Prozent war der überwiegende Anteil der Schülerinnen und Schüler nicht-deutscher Herkunft. Da die Auswertungen zum aktuellen Zeitpunkt noch nicht abgeschlossen sind, werden nachfolgend nur einige erste Ergebnisse dargestellt.

Die trainierten Kinder wiesen nach dem Training in der Tendenz (d. h. marginal signifikant) weniger starre Denkmuster auf, das heißt, eine (etwas) größere Flexibilität im Denken wurde erreicht. Diese Verbesserung entspricht in seiner praktischen Bedeutsamkeit einem kleinen Effekt (Cohen, 1988). Es zeigte sich weiterhin, dass der Zusammenhang (gemessen am Korrelationskoeffizient r) zwischen der Neigung zum reaktiv-aggressiven Verhalten und starren Denkmustern bei hoch reaktiv-aggressiven Kindern durch das Training reduziert werden kann, von $r = .35$ (p = 0.05) auf $r = .23$ (p = 0.17).[8] Zum Vergleich: Bei niedrig reaktiv-aggressiven Kindern zeigte sich kein bedeutsamer Zusammenhang zwischen einer reaktiv-aggressiven Verhaltensdisposition der Kinder und ihrem Denkstil (»starrem Denken«). Ergebnisse zur Reduktion feindseliger Zuschreibungen in mehrdeutigen Situationen liegen zum derzeitigen Zeitpunkt noch nicht vor.

Bezüglich der Zufriedenheitsmaße stimmte die Mehrheit der Kinder (68 Prozent) der Aussage zu, dass die Übung ihnen Spaß gemacht hätte und sie, zu einem Anteil von 62 Prozent, Neues dazugelernt hätten (Antwortkategorien »stimmt eher« und »stimmt absolut« wurden in beiden Fällen zusammengefasst). Zusammenfassend lässt sich sagen, dass erste Ergebnisse der Evaluation für die Eignung des Materials sprechen.

5.4 Maßnahmen der Qualitätssicherung

Evaluation ist ein zentraler Bestandteil von Qualitätsentwicklung und -sicherung. In diesem Sinne sollte Qualität nicht »als einmal geschaffener Wert betrachtet werden«, sondern sie sollte »in allen Bereichen (Struktur-, Prozess- und Ergebnisqualität) immer wieder überprüft, verbessert und entwickelt werden« (Lehmann et al., 2005, S. 18 f.). Das vorliegende Trainingsprogramm wird entsprechend in Entwicklung und Ausgestaltung nicht als abgeschlossen betrachtet; vielmehr ist es das Ziel, kontinuierlich zu dessen Optimierung beizutragen. Hierzu zählt insbesondere die Durchführung einer Umsetzungs- und Wirkungsevaluation des vorliegenden Trainingsmanuals unter Einbeziehung aller vier vorgesehenen Trainingsblöcke und die angestrebte Aufnahme des Programms in die öffentlich zugängliche »Grüne Liste Prävention«[9], die einer Zertifizierung des Programms entspricht. In diesem Sinne empfiehlt auch der Sachverständigenrat des Deutschen Forums Kriminalprävention (DFK) laufende Umsetzungs- und Wirkungsevaluationen, da gesellschaftliche Entwicklungen oder neue wissenschaftliche Erkenntnisse gegebenenfalls Nachjustierungen erforderlich machen, um die gewünschte Wirkung weiterhin sicherstellen zu können (Bannenberg et al., 2013, S. 28).

Qualitätssichernde Maßnahmen fokussieren im Wesentlichen auf Merkmale der Trainerinnen und Trainer und Merkmale der Trainings. Auf Ebene der Trainerinnen und Trainer sollte vor allem sichergestellt werden, dass folgende Fähigkeiten und Eigenschaften aufgebaut und aufrechterhalten werden:

– *Fachliche Kompetenzen*, die dazu geeignet sind, ein Verständnis für die im vorliegenden Trainingsmanual formulierten Ursache-Wirkungs-Mechanismen aufzubauen. Das heißt, die Trainerinnen und Trainer sollten verstehen, mit welcher wissenschaftlichen Begründung bestimmte präventive Ziele im Rahmen des Trainings verfolgt werden und durch welche Übungen diese erreicht werden sollen (Beispiel: Kinder und Jugendliche, die häufig aggressiv sind, nehmen ihre Umwelt feindseliger wahr als sie ist; das präventive Ziel besteht darin, ihre Wahrnehmung zu verbessern; dies geschieht unter anderem durch Wahrnehmungsübungen, wie sie im Trainingsmodul 2 enthalten sind). Das hierfür relevante fachliche Wissen wird in Kapitel 1 durch die Darstellung einschlägiger wissenschaftlicher Theorien und Modelle aufgebaut.
– *Didaktische Kompetenzen*, die dazu geeignet sind, eine kindliche bzw. jugendliche Zielgruppe in angemessener Art und Weise zu erreichen. Das heißt, die Trainerinnen und Trainer sollten in der Lage sein, unterschiedliche Unterrichtsmethoden anwenden zu können, zugleich aber auch den roten Faden in der Unterrichtsgestaltung aufrechtzuerhalten. Durch die Standardisierung des vorliegenden Manuals ist ein strukturierter Ablauf gesichert, gleiches gilt für die Gestaltung von Ruhe-/Einzelarbeit mit aktivierenden Methoden. Kinder und Jugendliche zu unterrichten, erfordert darüber hinaus eine gewisse Souveränität im Umgang mit unvorhergesehenen Situationen, wie Unterrichtsstörungen, die insbesondere für Trainerinnen und Trainer, die über keine entsprechende Ausbildung (z. B. Lehramt) verfügen, eine Herausforderung darstellen. Gelegentliche Hospitationen bei Trainerinnen und Trainern (z. B. Lehrkräften), idealerweise im Rahmen des vorliegenden Trainingsprogramms, können bei der Entwicklung didaktischer Fähigkeiten durch Lernen am Modell (bzw. Lernen durch Beobachtung) hilfreich sein.
– Eine *hohe Motivation*, die mit der Überzeugung einhergeht, dass die Umsetzung der Trainings sinnvoll ist und diese Tätigkeit innerhalb der Einrichtung (z. B. Schulen) hohe Wertschätzung erhält. Hierbei ist insbesondere die Haltung der Schulleitung von hoher Bedeutung, die bei der Umsetzung der Trainings die entsprechende Unterstützung und Anerkennung bieten sollte.

Das vorliegende Programm ist entwickelt worden, um (vordergründig) reaktiv-aggressives Verhalten bei Kindern und Jugendlichen zu reduzieren und ihnen Fähigkeiten und Fertigkeiten zu vermitteln, die sie dazu befähigen, in sozial mehrdeutigen Situationen oder konkreten Konflikten deeskalierend zu handeln. Die Zusammenarbeit von Schule und Polizei in der schulischen Gewaltprävention wird als gewinnbringend angesehen, da jede Disziplin ihren eigenen, wichtigen Beitrag dafür leisten kann. Aus diesem Grund wird empfohlen, das Programm unter Einbeziehung beider Akteure durchzuführen, auch wenn dies nicht zwingend notwendig ist.

5 Verfügbar unter: http://www.gruene-liste-praevention.de/nano.cms/datenbank/information

6 Der Bericht kann bei der Verfasserin angefragt werden.

7 Eine Beispielaussage der (selbstentwickelten) Fragebogenskala zur Erfassung starrer Denkmuster lautet: »Ich beziehe Dinge schnell auf mich selbst.«

8 Zur Erläuterung: Die Einteilung in niedrig versus hoch reaktiv-aggressive Kinder erfolgte per Mediansplit, das heißt der Datensatz wurde in der Mitte der Verteilung geteilt, sodass zwei etwa gleich große Gruppen entstanden sind.

9 Vgl. www.gruene-liste-praevention.de

6 Literatur

Akin, T. (2000). Selbstvertrauen und soziale Kompetenz. Übungen, Aktivitäten und Spiele für Kids ab 10. Mülheim: Verlag an der Ruhr.

Anderson, C. A., Bushman, B. J. (2002). Human Aggression. Annual Review Psychology, 53, 27–51.

Arbeitsgruppe Neuropsychologie (o. J.). Metakognitives Training (MKT) für Psychose. Universitätsklinikum Hamburg-Eppendorf. Zugriff am 14.03.2018 unter https://clinical-neuropsychology.de/metakognitives_training_psychose/

Bannenberg, B. et al. (2013). Entwicklungsförderung und Gewaltprävention für junge Menschen. Impulse des DFK-Sachverständigenrates für die Auswahl & Durchführung wirksamer Programme. Ein Leitfaden für die Praxis. Bonn: Stiftung deutsches Forum für Kriminalprävention.

Barth, J., Bastiani, A. (1997). A longitudinal study of emotion recognition and preschool children's social behavior. Merrill-Palmer Quarterly, 43 (1), 107–128.

Baumeister, R. F., Smart, L., Boden, J. M. (1996). Relation of threatened egotism to violence and aggression: The dark side of high self-esteem. Psychological Review, 103, 5–33.

Berkowitz, L. (1989). Frustration-aggression hypothesis: Examination and reformulation. Psychological Bulletin, 106 (1), 59–73.

Berkowitz, L. (1993). Aggression: Its causes, consequences, and control. McGraw-Hill series in social psychology. New York: McGraw-Hill Book Company.

Björkqvist, K., Lagerspetz, K. M. J., Kaukiainen, A. (1992). Do girls manipulate and boys fight? Aggressive Behavior, 18 (2), 117–129.

Caims, R. B., Caims, B. D., Neckerman, H. J., Gest, S. D., Gariepy, J.-L. (1988). Social networks and aggressive behavior: Peer networks or peer rejection. Developmental Psychology, 24 (6), 815–823.

Card, N. A., Little, T. D. (2006). Proactive and reactive aggression in childhood and adolescence: A meta-analysis of differential relations with psychosocial adjustment. International Journal of Behavioral Development, 30 (5), 466–480.

Chassin, L., Presson, C. C., Sherman, S. J. (2005). Adolescent cigarette smoking: A commentary and issues for pediatric psychology. Journal of Pediatric Psychology, 30 (4), 299–303.

Crick, N. R., Dodge, K. A. (1994). A review and reformulation of social information processing mechanisms in children's social adjustment. Psychological Bulletin, 115, 74–101.

Crick, N. R., Dodge, K. A. (1996). Social information-processing mechanisms in reactive and proactive aggression. Child Development, 67, 993–1002.

Cohen, J. (1988). Statistical power analysis for the behavioral sciences (2nd ed.). Hillsdale: Lawrence Erlbaum Associates.

Crisis and Trauma Resource Institute Inc. (CTRI) (2014). De-escalating Potentially Violent Situations™ – Helping communities and organizations with issues of crisis and trauma. Minneapolis, MN: CTRI.

Darwin, C. R. (1872). The expression of the emotions in man and animals. London: John Murray.

Davis, M. H. (1983). Measuring individual differences in empathy: Evidence for a multidimensional approach. Journal of Personality and Social Psychology, 44, 113–126.

Denham, S. A., Almeida, M. C. (1987). Children's social problem solving skills, behavioral adjustment, and interventions: A meta-analysis evaluating theory and practice. Journal of Applied Developmental Psychology, 8, 391–409.

Dodge, K. A., Coie, J. D. (1987). Social-information-processing factors in reactive and proactive aggression in children's peer groups. Journal of Personality and Social Psychology, 53, 1146–1158.

Dodge, K. A., Frame, C. L. (1982). Social cognitive biases and deficits in aggressive boys. Child Development, 53 (3), 620–35.

Dodge, K. A., Lochman, J. E., Harnish, J. D., Bates, J. E., Pettit, G. S. (1997). Reactive and proactive aggression in school children and psychiatrically-impaired chronically assaultive youth. Journal of Abnormal Psychology, 106, 37–51.

Dodge, K. A., Somberg, D. R. (1987). Hostile attributional biases among aggressive boys are exacerbated under conditions of threats to the self. Child Development, 58 (1), 213–224.

Dollard, J., Doob, L., Miller, N., Mowrer, O., Sears, R. (1939). Frustration and aggression. New Haven, CT: Yale University Press.

Eder, C. (2011). Soziale Arbeit und Polizei. Problematiken und Potentiale in der Beziehung zweier Berufsgruppen im niedrigschwelligen Bereich. München: Katholische Stiftungsfachhochschule. Veröffentlicht am 23.01.2011 in socialnet-Materialien. Zugriff am 13.03.2018 unter http://www.socialnet.de/materialien/115.php

Eichner, C., Berna, F. (2016). Acceptance and Efficacy of Meta-cognitive Training (MCT) on Positive Symptoms and Delusions in Patients With Schizophrenia: A Meta-analysis Taking Into Account Important Moderators. Schizophrenia Bulletin, 42 (4), 952–962. doi: 10.1093/schbul/sbv225

Eisenberg, N., Fabes, R. A., Nyman, M., Bernzweig, J., Pinuelas, A. (1994). The relations of emotionality and regulation to children's anger-related reactions. Child development, 65 (1), 109–128.

Eisenberg, N., Miller, P. A. (1987). The relation of empathy to prosocial and related behaviors. Psychological Bulletin, 101, 91–119.

Erickson, M. L., Jensen, G. F. (1977). Delinquency is still group behavior! Toward revitalizing the group premise in sociology of deviance. Journal of Criminal Law and Criminology, 68 (2), 262–273.

Ekman, P. (1992). An argument for basic emotions. Cognition and Emotion, 6 (3/4), 169–200.

Ekman, P., Friesen, W. V. (1971). Constants across cultures in the face and emotion. Journal of Personality and Social Psychology, 17, 124–129.

Farrington, D. P. (1986). Age and crime. In M. H. Tonry, N. Morris (Eds.), Crime and justice. An annual review of research (Vol. 7, pp. 189–250). Chicago, IL: University of Chicago.

Feshbach, N. D. (1975). Empathy in children: Some theoretical and empirical considerations. The Counseling Psychologist, 5, 25–30.

Görtz-Dorten, A., Döpfner, M. (2010). Therapieprogramm für Kinder mit aggressivem Verhalten (THAV). Göttingen: Hogrefe.

Gottman, J. M., Katz, L. F. (1989). Effects of marital discord on young children's peer interaction and health. Developmental Psychology, 25 (3), 373–381.

Groß, H. (2016). Kartenset Munterbrechungen: 22 aktivierende Auflockerungen für Seminare und Sitzungen. Berlin: Orbium-Seminare.

Handke, U. (2008). Mehr Erfolg im Unterricht. Ausgewählte Methoden, die Schüler motivieren. Berlin: Cornelsen Scriptor.

Henry, P. J. (2009). Low-status compensation: A theory for understanding the role of status in culture of honor. Journal of Personality and Social Psychology, 97 (3), 451–466.

Hirschi, T., Gottfredson, M. (1983). Age and the explanation of crime. American Journal of Sociology, 89 (3), 552–584.

Hoffman, M. L. (1982). Development of prosocial motivation: Empathy and guilt. In N. Eisenberg (Ed.), The development of prosocial behavior (pp. 281–313). New York, NY: Academic Press.

Hoffman, M. L. (1984). Interaction of affect and cognition in empathy. In C. E. Izard, J. Kagan, R. B. Zajonc (Eds.), Emotions, cognition, and behavior (pp. 103–131). New York, NY: Cambridge University Press.

Hubbard, J. A., Dodge, K. A., Cillessen, A. H. N., Coie, J. D., Schwartz, D. (2001). The dyadic nature of social information processing in boys' reactive and proactive aggression. Journal of Personality and Social Psychology, 80, 268–280.

Ickes, W., Stinson, L., Bissonnette, V., Garcia, S. (1990). Naturalistic social cognition: Empathic accuracy in mixed-sex dyads. Journal of Personality and Social Psychology, 59, 730–742.

Jelinek, L., Kolbeck, K., Moritz, S. (2016). Erkennen und modifizieren von Denkverzerrungen. Metakognitives Training bei Psychose und Depression. DNP – Der Neurologe & Psychiater, 17, 42–46.

Kernis, M. H., Grannemann, B. D., Barclay, L. C. (1989). Stability and level of self-esteem as predictors of anger arousal and hostility. Journal of Personality and Social Psychology, 56, 1013–1022.

Kleiber, D., Hannover, B., Neuhaus, J. (09/2014). Ergebnisse der Evaluation der polizeilichen Gewaltpräventionsmaßnahmen an Berliner Schulen. Abschlussbericht der Freien Universität Berlin, unveröffentlichtes Manuskript.

Kleiber, D., Hannover, B., Neuhaus, J., Keller, P. (05/2016). Ergebnisse der Umsetzungsevaluation des optimierten Trainingsmanuals zu den Anti-Gewalt-Veranstaltungen der Polizei Berlin. Bericht der Freien Universität Berlin, unveröffentlichtes Manuskript.

Koglin, U., Petermann, F., Jaščenoka, J., Petermann, U., Kullik, A. (2013). Emotionsregulation und aggressives Verhalten im Jugendalter. Kindheit und Entwicklung, 22, 155–164.

Lazai, E. (2001). Das Anti-Gewalt-Training der Berliner Polizei. Berliner Forum Gewaltprävention BFG 1/2001 (S. 5). Berlin: Landeskommission Berlin gegen Gewalt.

Lehmann, F., Geene, R., Kaba-Schönstein, L., Kilian, H., Meyer-Nürnberger, M., Brandes, S., Bartsch, G. (2005). Kriterien guter Praxis in der Gesundheitsförderung bei sozial Benachteiligten. Ansatz – Beispiele – Weiterführende Informationen (4., erw. u. überarb. Aufl.). In Bundeszentrale für gesundheitliche Aufklä-rung (Hrsg.), Gesundheitsförderung Konkret (Band 5). Köln: BZgA. Zugriff am 13.03.2018 unter https://www.akzept.org/pdf/volltexte_pdf/nr17/gesundheitsf_bzgapdf.pdf

Leye, H. (2014). Mobbing in der Schule – das Praxisbuch. Profi-Tipps und Materialien aus der Lehrerfortbildung (1. bis 4. Klasse). Augsburg: Auer-Verlag.

Lösel, F. (1995). The efficacy of correctional treatment: A review and synthesis of meta-evaluations. In J. McGuire (Ed.), What works: Reducing reoffending. Guidelines from practice and research (pp. 79–111). Chichester, UK: Wiley.

Lösel, F. (2012). Entwicklungsbezogene Prävention von Gewalt und Kriminalität – Ansätze und Wirkungen. Forensische Psychiatrie, Psychologie, Kriminologie, 6, 71–84.

Moritz, S., Andreou, C., Schneider, B. C., Wittekind, C. E., Menon, M., Balzan, R. P., Woodward, T. S. (2014). Sowing the seeds of doubt: a narrative review on metacognitive training in schizophrenia. Clinical Psychology Review, 34, 358–366.

Moritz, S., Woodward, T. S., Metacognition Study Group (2018). Metakognitives Training für Psychose (MKT) (6. Aufl.). Hamburg: VanHam Campus Press. Kostenloser Download über www.uke.de/mct

Nasby, W., Hayden, B., DePaulo, B. M. (1979). Attributional bias among aggressive boys to interpret unambiguous social stimuli as displays of hostility. Journal of Abnormal Psychology, 89, 459–468.

Nation, M., Crusto, C., Wandersman, A., Kumpfer, K. L., Seybolt, D., Morrissey-Kane, E., Davino, K. (2003). What works in prevention. Principles of effective prevention programs. American Psychologist, 58, 449–456.

Neuhaus, J. (2011). Der Einfluss von gewaltlegitimierenden Gendernormen und Merkmalen der Gruppenkonstellation auf aggressives Verhalten bei Jugendlichen. Dissertation. Freie Universität Berlin, FB Erziehungswissenschaft und Psychologie. Zugriff am 13.03.2018 unter http://www.diss.fu-berlin.de/diss/receive/FUDISS_thesis_000000022060

Neuhaus, J., Kleiber, D., Hannover, B. (2015). Die Wirksamkeit polizeilicher Gewaltpräventionsmaßnahmen an Berliner Schulen. Prävention – Zeitschrift für Gesundheitsförderung, 38, 49–53.

Petermann, F., Kusch, M., Niebank, K. (1998). Entwicklungspsychopathologie. Ein Lehrbuch (unter Mitarbeit von G. Groen u. H. Scheithauer). Weinheim: Psychologie Verlags Union.

Petermann, U., Petermann, F. (1996). Training mit sozialunsicheren Kindern (6., überarb. u. veränd. Aufl.). Weinheim: Psychologie Verlags Union.

Petermann, F., Petermann, U. (2000). Training mit aggressiven Kindern (9., überarb. Aufl.). Weinheim: Psychologie Verlags Union.

Petermann, F., Petermann, U. (2015). Aggressionsdiagnostik (2., vollst. überarb. Aufl.). Reihe: Kompendien Psychologische Diagnostik, Band 1. Göttingen: Hogrefe.

Petermann, F., Wiedebusch, S. (2003). Emotionale Kompetenz bei Kindern. Göttingen: Hogrefe.

Phillips, D. A. (2007). Punking and bullying: Strategies in middle school, high school, and beyond. Journal of Interpersonal Violence, 22 (2), 158–178.

Pinkham, A. E., Griffin, M., Baron, R., Sasson, N. J., Gur, R. C. (2010). The face in the crowd effect: Anger superiority when using real faces and multiple identities. Emotion, 10 (1), 141–146.

Reid, J. B., Eddy, J. M. (1997). The prevention of antisocial behavior: Some considerations in the search for effective interventions. In D. M. Stoff, J. Breiling, J. D. Maser (Eds.), Handbook of antisocial behavior (pp. 343–356). New York: Wiley.

Ross, L. (1977). The intuitive psychologist and his shortcomings: Distortions in the attribution process. In L. Berkowitz (Ed.), Advances in experimental social psychology. New York: Academic Press.

Saarni, C. (1990). Emotional competence: How emotions and relationships become integrated. In R. A. Thompson (Ed.), Socioemotional development (pp. 115–182). Lincoln, NE: University of Nebraska Press.

Saarni, C. (2002). Die Entwicklung von emotionaler Kompetenz in Beziehungen. In M. von Salisch (Hrsg.), Emotionale Kompetenz entwickeln. Grundlagen in der Kindheit und Jugend (S. 3–30). Stuttgart: Kohlhammer.

Scheithauer, H., Bull, H. D. (2008). fairplayer.manual. Förderung von sozialen Kompetenzen und Zivilcourage – Prävention von Bullying und Schulgewalt. Göttingen: Vandenhoeck & Ruprecht.

Scheithauer, H., Petermann, F. (2004). Aggressiv-dissoziales Verhalten im Kindes- und Jugendalter. In F. Petermann, K. Niebank, H. Scheithauer (Hrsg.). Entwicklungswissenschaft. Entwicklungspsychologie – Genetik – Neuropsychologie (S. 367–410). Berlin: Springer.

Scheithauer, H., Rosenbach, C., Niebank, K. (2008). Gelingensbedingungen für die Prävention von interpersonaler Gewalt im Kindes- und Jugendalter. Expertise im Auftrag der Stiftung Deutsches Forum für Kriminalprävention (DFK), Berlin. Bonn: Deutsches Forum Kriminalprävention.

Schwartz, D., Dodge, K. A., Coie, J. D., Hubbard, J. A., Cillessen, A. H., Lemerise, E. A., Bateman, H. (1998). Social-cognitive and behavioral correlates of aggression and victimization in boys' play groups. Journal of Abnormal Child Psychology, 26 (6), 431–440.

Seifried, K. (2007). Schulpsychologie – Kooperationspartner und Vernetzung. In T. Fleischer, N. Grewe, B. Jötten, K. Seifried, B. Sieland (Hrsg.), Handbuch Schulpsychologie. Psychologie für die Schule (S. 360–371). Stuttgart: Kohlhammer.

Senatsverwaltung für Bildung, Jugend und Wissenschaft (Hrsg.) (2015). Zahlen – Daten – Fakten. Ausgewählte Eckdaten – Allgemein bildende Schulen – 2014/2015. Berlin: Senatsverwaltung für Bildung, Jugend und Wissenschaft.

Sherman, L. W., Gottfredson, D. C., MacKenzie, D. L., Eck, J., Reuter, P., Bushway, S. D. (1998). Preventing crime. What works, what doesn't, what's promising: A report to the United States Congress. Washington, DC: National Institute of Justice. Zugriff am 13.03.2018 unter https://www.ncjrs.gov/pdffiles/171676.pdf

Sieland, S. (2007). Zielvereinbarungen zwischen Entwicklungsbedarf und Entwicklungsresistenz. In T. Fleischer, N. Grewe, B. Jötten, K. Seifried, B. Sieland (Hrsg.), Handbuch Schulpsychologie. Psychologie für die Schule (S. 371–380). Stuttgart: Kohlhammer.

Silbereisen, R. K., Weichold, K. (2014). Suchtprävention in der Schule. IPSY – Ein Lebenskompetenzprogramm für die Klassenstufen 5–7. Göttingen: Hogrefe.

Simons-Morton, B., Chen, R., Abroms, L., Haynie, D. L. (2004). Latent growth curve. Analyses of peer and parent Influences on smoking progression among early adolescents. Health Psychology, 23 (6), 612–621.

Stoudt, B. (2005). You're either in or you're out: School violence, peer discipline, and the(re)production of hegemonic masculinity. Men and Masculinities, 8 (3), 273–287.

Strayer, J., Roberts, W. (1997). Children's personal distance and their empathy: Indices of interpersonal closeness. International Journal of Behavioral Development, 20, 385–403.

Strünck, G. von (2008a). Konzept der Anti-Gewalt-Veranstaltungen (AGV) für Kinder und Jugendliche. Nicht veröffentlichtes Dokument der Polizei Berlin, LKA Präv 4.

Strünck, G. von (2008b). Handreichung zur Durchführung von Anti-Gewalt-Veranstaltungen (AGV) für Kinder und Jugendliche. Nicht veröffentlichtes Dokument der Polizei Berlin, LKA Präv 4.

Ulrich, S., Heckel, J., Oswald, E., Rappenglück, S., Wenzel, F. (2006). Achtung (+) Toleranz. Wege demokratischer Konfliktregelung. Praxishandbuch für die politische Bildung. Gütersloh: Verlag Bertelsmann-Stiftung.

Vandello, J. A., Bosson, J. K., Cohen, D., Burnaford, R. M., Weaver, J. R. (2008). Precarious manhood. Journal of Personality and Social Psychology, 95 (6) 1325–1339.

Vitiello, B., Stoff, D. (1997). Subtypes of aggression and their relevance to child psychiatry. Journal of the American Academy of Child and Adolescent Psychiatry, 36 (3), 307–315.

Wicklund, R. A., Gollwitzer, P. M. (1981). Symbolic self-completion, attempted influence and self-deprecation. Basic and Applied Social Psychology, 2, 89–114.

Zeman, J., Garber, J. (1996). Display rules for anger, sadness, and pain: it depends on who is watching. Child Development, 67 (3), 957–973.

7 Anhang/Übungen

Trainingsmodul 1: Emotionen

Kopiervorlage

ÄRGER	**ANGST**
FREUDE	**TRAUER**
ÜBERRASCHUNG	**EKEL**

Aufgabe: Welches Gefühl wird dargestellt? Schreibe das zugehörige Gefühl in das Feld unter dem jeweiligen Bild.

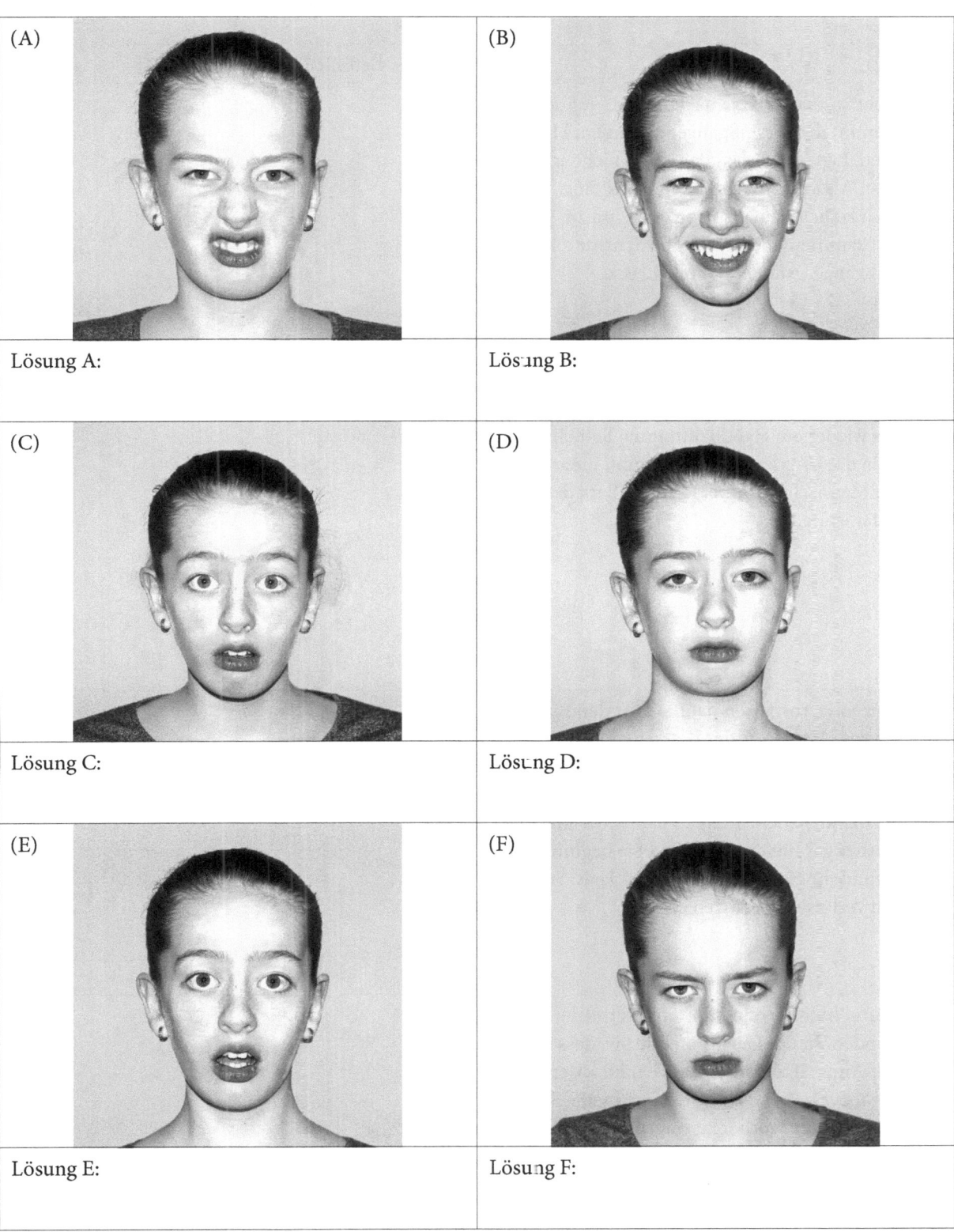

(A)

Lösung A:

(B)

Lösung B:

(C)

Lösung C:

(D)

Lösung D:

(E)

Lösung E:

(F)

Lösung F:

Janine Neuhaus, HWR Berlin
Fotos: Alina Marie Gärtig, Lebensfahrt Fotografie & Illustration

7.3 Übung A3: Arbeitsblatt »Emotional aufgeladene Situationen«
Trainingsmodul 1: Emotionen

Aufgabe: Lese jede der nachfolgend dargestellten Situationen. Was glaubst du, was Lara in dieser Situation fühlt? Woran erkennst du das? Schreibe deine Antworten (in Stichpunkten) in das Feld neben der jeweiligen Situation.

Situation	Welches Gefühl? Woran erkennbar?
Lara geht von der Schule nach Hause. Auf dem Weg kommt ihr ein Fußgänger mit einem Hund entgegen. Lara sieht, dass der Hund nicht an der Leine ist. Als sie vorbeilaufen möchte, fängt der Hund an zu bellen und springt auf Lara zu. Lara zuckt zusammen und macht drei Schritte zurück. Der Fußgänger ruft den Hund zurück.	
Lara kann nach einer längeren Verletzungspause endlich wieder am Handballtraining teilnehmen. Als sie in die Umkleidekabine kommt, umarmen sie ihre Mannschaftskameradinnen. Lara denkt: »Ach, das ist nett!«	
Die ganzen Herbstferien hat Lara für den Biologietest gelernt. Als sie vor der Klassenarbeit sitzt und auf das Aufgabenblatt schaut, bemerkt sie, dass die Lehrerin Themen abfragt, die Lara nicht gelernt hat. Sie denkt: »Diese Themen haben wir im Unterricht bisher gar nicht behandelt.« Sie beginnt zu zittern und ihr Herz schlägt bis zum Hals. Sie steht auf und verlässt das Klassenzimmer.	
Lara kann ihren Lieblingsstift in ihrer Federtasche nicht finden. In der Pause bemerkt sie, dass ihr Stift auf Annes Tisch liegt. Lara denkt: »Mensch, schon wieder hat sich Anne einfach meine Sachen genommen, ohne vorher zu fragen!« Mit energischem Schritt geht sie zu Annes Tisch, um sich den Stift zurückzuholen.	

Geschichte zum Vorlesen zur Übung »Letztens im Wald«
Übung »Jeder hat seine eigene Meinung, Rotkäppchen und der böse Wolf«. © Innerchoice Publishing (http://www.innerchoicepublishing.com/)

Eines Tages im Wald

Der Wald war mein Zuhause. Ich pflegte ihn und hielt ihn sauber. An einem schönen Sommertag – ich war gerade damit beschäftigt, den Unrat zu beseitigen, den ein paar Camper hinterlassen hatten – hörte ich
5 Schritte. Ich sprang hinter einen Baum und sah ein kleines Mädchen mit einem Korb am Arm den Pfad hinunterkommen. Dieses Mädchen kam mir ziemlich verdächtig vor. Sie war ganz und gar in Rot gekleidet und trug ebenfalls ein rotes Käppchen. Es wollte an-
10 scheinend von niemandem erkannt werden. Natürlich sprach ich sie an, um herauszufinden, was sie vorhatte. Ich fragte sie deshalb, wohin sie wolle und woher sie käme. Sie erzählte mir die Geschichte, dass sie zu ihrer Großmutter unterwegs sei, um ihr Essen
15 zu bringen. Sie machte alles in allem zwar einen ehrlichen Eindruck – aber dennoch, sie befand sich in meinem Wald und sah verdächtig aus. Also beschloss ich, ihr klarzumachen, dass man nicht so einfach ohne Vorwarnung und dazu in diesem Aufzug durch den
20 Wald stolzieren kann.

[…] *Hier kann die Geschichte auf Wunsch beendet und rückbesprochen werden.*

Heimlich lief ich schon voraus zum Haus ihrer Großmutter. Sie war eine nette Person und ich erzählte ihr von meinem Problem. Sie stimmte mir zu, dass ihre Enkelin eine Lektion verdient hätte. Wir vereinbarten,
25 dass die alte Dame sich unter dem Bett verstecken sollte, bis ich sie riefe.
   Bald darauf trat das Mädchen ein. Ich bat sie ins Schlafzimmer zu kommen, wo ich in den Kleidern der Großmutter in ihrem Bett lag. Das rotwangige
30 Mädchen trat näher und machte eine sehr ärgerliche

Bemerkung über meine großen Ohren. Man hat mich aber schon öfter deswegen beleidigt. Ich versuchte aber, die Situation zu retten und antwortete, dass ich damit besser hören könne. Was ich damit sagen will: Ich mochte sie und war entschlossen genau zuzuhören, 35 was sie wollte. Sie hatte aber nichts Besseres zu tun, als auch noch über meine riesigen Augen herzuziehen. Ihr könnt euch sicher denken, was ich allmählich von diesem Mädchen dachte. Sie sah zwar ganz nett aus, in Wirklichkeit war sie aber wohl unheimlich frech. Ich 40 war trotzdem immer noch bereit, ihre Beleidigungen zu ignorieren. Also sagte ich, dass ich mit den großen Augen besser sehen könne. Ihre nächste Attacke ging mir dann aber wirklich zu weit.

Ich hab' so meine Probleme mit den Zähnen. Sie 45 sind sehr groß und genau diese Schwäche nahm das Mädchen aufs Korn. Ich weiß, ich hätte mich besser unter Kontrolle haben müssen, aber ich brüllte, dass ich sie mit diesen Zähnen besser fressen könne. Jetzt mal ehrlich – ein Wolf hat noch nie kleine Mädchen 50 gefressen, jeder weiß das. Dieses verrückte Ding brüllte aber sofort los und rannte im Haus herum. Ich hinter ihr her, um sie zu beruhigen. Die Kleider der Großmutter hatte ich inzwischen abgestreift. Das schien die Lage aber nur schlimmer zu machen. Plötzlich flog die 55 Tür auf und ein großer Jäger stand mit seinem Gewehr vor mir. Mit einem Schlag war mir klar, dass es jetzt wirklich brenzlig wurde. Das Fenster hinter mir stand offen. Mit einem Sprung war ich draußen.

Ich würde gerne behaupten, dass die Geschichte da- 60 mit erledigt gewesen wäre. War sie aber nicht: Diese Type von Großmutter hat die Geschichte nie aus meiner Sicht erzählt. Seitdem sagt man mir nach, ich sei ein furchtbar gemeiner Bursche. Alle jagen nach mir. Ich weiß ja nicht, wie es dem seltsamen roten Mäd- 65 chen seither ergangen ist – ich jedenfalls kann seitdem nicht mehr in Frieden leben. Wir Wölfe gehören jetzt sogar zu den vom Aussterben bedrohten Arten. Ich bin sicher, dass das Märchen, das über dieses kleine Mädchen erzählt wird, nicht ganz unschuldig daran ist. 70

Bildmaterial zur Übung B2b (Ansicht), für die Übung bitte die PDF-Datei im Download-Bereich im Vollbildmodus als Diashow verwenden.

Quelle: Arbeitsgruppe Neuropsychologie, Metakognitives Training, Universität Hamburg-Eppendorf, vgl. Moritz, S., Woodward, T. S., Metacognition Study Group (2018). Metakognitives Training für Psychose (MKT) (6. Aufl.). Hamburg: VanHam Campus Press. Kostenloser Download über www.uke.de/mct

Artikel: Eichner, C., Berna, F. (2016). Acceptance and Efficacy of Metacognitive Training (MCT) on Positive Symptoms and Delusions in Patients With Schizophrenia: A Meta-analysis Taking Into Account Important Moderators. Schizophrenia Bulletin, 42 (4), 952–962. doi: 10.1093/schbul/sbv225

Jelinek, L., Kolbeck, K., Moritz, S. (2016). Erkennen und modifzieren von Denkverzerrungen. Metakognitives Training bei Psychose und Depression. DNP – Der Neurologe & Psychiater, 17, 42–46.

Was war <u>nicht</u> auf dem Bild zu sehen?

- Kiosk-Schild
- Wurst
- Papierkorb
- Bank
- Fahnen
- Preisschilder
- Flaschen
- Verkäufer

Was war <u>nicht</u> auf dem Bild zu sehen?

- Gießkanne
- Sonnenblumen
- Beet
- Baum
- Spaten
- Harke
- Gartenschlauch

Was war <u>nicht</u> auf dem Bild zu sehen?

- Kiosk-Schild
- Wurst
- ✓ Papierkorb
- Bank
- Fahnen
- ✓ Preisschilder
- Flaschen
- Verkäufer

Was war <u>nicht</u> auf dem Bild zu sehen?

- Gießkanne
- Sonnenblumen
- Beet
- ✓ Baum
- ✓ Spaten
- Harke
- Gartenschlauch

Moritz, S., Andreou, C., Schneider, B. C., Wittekind, C. E., Menon, M., Balzan, R. P., Woodward, T. S. (2014). Sowing the seeds of doubt: a narrative review on metacognitive training in schizophrenia. Clinical Psychology Review, 34, 358–366.

Illustrationen: Ximena Del Villar Derpsch

Was war nicht auf dem Bild zu sehen?

- Autos
- Polizist
- Kind auf Fahrrad
- alte Dame
- grüne Ampel
- Zebrastreifen
- Stoppschild
- Stadtsilhouette

Was war nicht auf dem Bild zu sehen?

- Rutsche
- Karussell
- Drachen
- Skateboard
- Ball
- Bäume
- Schaukel
- Spielzeug
- Sandkasten

Was war nicht auf dem Bild zu sehen?

- ✓ Autos
- Polizist
- Kind auf Fahrrad
- alte Dame
- ✓ grüne Ampel
- Zebrastreifen
- Stoppschild
- Stadtsilhouette

Was war nicht auf dem Bild zu sehen?

- Rutsche
- Karussell
- Drachen
- Skateboard
- ✓ Ball
- Bäume
- ✓ Schaukel
- Spielzeug
- Sandkasten

Bildmaterial zur Übung B2a (Ansicht), für die Übung bitte die PDF-Datei im Download-Bereich im Vollbildmodus als Diashow verwenden.

Quelle: Janine Neuhaus, Hochschule für Wirtschaft und Recht

Illustration: Alina Marie Gärtig, Lebensfahrt Fotografie & Illustration

Die Entwicklung von Materialien zur Reduktion feindseliger Attributionen bei Heranwachsenden wurde durch die Landeskommission Berlin gegen Gewalt gefördert.

Liebe Schülerinnen und Schüler,
ihr seht jetzt gleich verschiedene Bilder. Bitte überlegt euch zu jedem Bild, was zu dieser Situation geführt hat:

Was könnte vorher passiert sein?

a) Der Vater schimpft mit dem Jungen, weil er die Vase mit seinem Ball von der Kommode geschossen hat.
b) Die Katze hat die Vase von der Kommode gestoßen und schleicht davon.
c) Der Vater hat die Vase vor Wut von der Kommode gestoßen.
d) Der Junge hat die Vase von der Kommode gestoßen, weil der Vater ihm verboten hat, draußen Fußball zu spielen.

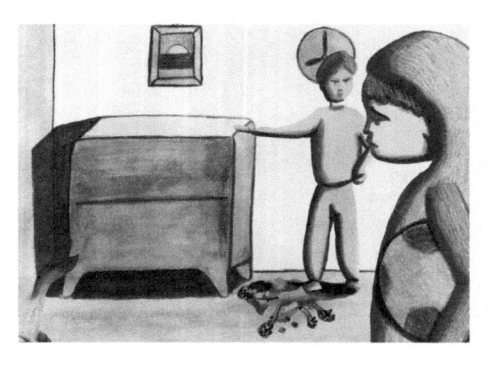

a) Der Vater schimpft mit dem Jungen, weil er die Vase mit seinem Ball von der Kommode geschossen hat.
b) Die Katze hat die Vase von der Kommode gestoßen und schleicht davon.
c) Der Vater hat die Vase vor Wut von der Kommode gestoßen.
d) Der Junge hat die Vase von der Kommode gestoßen, weil der Vater ihm verboten hat, draußen Fußball zu spielen.

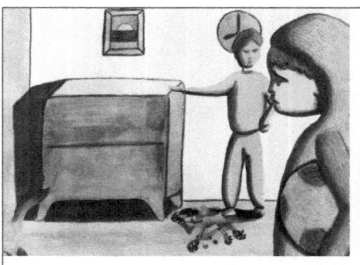

a) Der Vater schimpft mit dem Jungen, weil er die Vase mit seinem Ball von der Kommode geschossen hat.
b) Die Katze hat die Vase von der Kommode gestoßen und schleicht davon.
c) Der Vater hat die Vase vor Wut von der Kommode gestoßen.
d) Der Junge hat die Vase von der Kommode gestoßen, weil der Vater ihm verboten hat, draußen Fußball zu spielen.

a) Der Vater schimpft mit dem Jungen, weil er die Vase mit seinem Ball von der Kommode geschossen hat.
✓ Die Katze hat die Vase von der Kommode gestoßen und schleicht davon.
c) Der Vater hat die Vase vor Wut von der Kommode gestoßen.
d) Der Junge hat die Vase von der Kommode gestoßen, weil der Vater ihm verboten hat, draußen Fußball zu spielen.

a) Das Mädchen weint vor Kummer, weil sein Zeugnis so schlecht aus-
gefallen ist.
b) Das Mädchen weint vor Freude, weil es ein sehr gutes Zeugnis bekom-
men hat.
c) Das Mädchen umarmt seinen Vater und weint, weil es ihn nach Jahren
das erste Mal wiedersieht.
d) Das Mädchen entschuldigt sich bei seinem Vater, weil es zu spät
gekommen ist.

a) Das Mädchen weint vor Kummer, weil sein Zeugnis so schlecht aus-
gefallen ist.
b) Das Mädchen weint vor Freude, weil es ein sehr gutes Zeugnis bekom-
men hat.
c) Das Mädchen umarmt seinen Vater und weint, weil es ihn nach Jahren
das erste Mal wiedersieht.
d) Das Mädchen entschuldigt sich bei seinem Vater, weil es zu spät
gekommen ist.

a) Das Mädchen weint vor Kummer, weil sein Zeugnis so schlecht aus-
gefallen ist.
b) Das Mädchen weint vor Freude, weil es ein sehr gutes Zeugnis bekom-
men hat.
c) Das Mädchen umarmt seinen Vater und weint, weil es ihn nach Jahren
das erste Mal wiedersieht.
d) Das Mädchen entschuldigt sich bei seinem Vater, weil es zu spät
gekommen ist.

a) Das Mädchen weint vor Kummer, weil sein Zeugnis so schlecht aus-
gefallen ist.
✓ Das Mädchen weint vor Freude, weil es ein sehr gutes Zeugnis bekom-
men hat.
c) Das Mädchen umarmt seinen Vater und weint, weil es ihn nach Jahren
das erste Mal wiedersieht.
d) Das Mädchen entschuldigt sich bei seinem Vater, weil es zu spät
gekommen ist.

a) Das eine Kind hat das andere geschubst und rennt weg.
b) Der Junge ist von Jugendlichen geschlagen worden, das andere Kind läuft aus Angst weg.
c) Das Kind rennt einem anderen hinterher, der dem Jungen wehgetan hat.
d) Der Junge hatte einen Unfall und ein Kind holt Hilfe.

a) Das eine Kind hat das andere geschubst und rennt weg.
b) Der Junge ist von Jugendlichen geschlagen worden, das andere Kind läuft aus Angst weg.
c) Das Kind rennt einem anderen hinterher, der dem Jungen wehgetan hat.
d) Der Junge hatte einen Unfall und ein Kind holt Hilfe.

a) Das eine Kind hat das andere geschubst und rennt weg.
b) Der Junge ist von Jugendlichen geschlagen worden, das andere Kind läuft aus Angst weg.
c) Das Kind rennt einem anderen hinterher, der dem Jungen wehgetan hat.
d) Der Junge hatte einen Unfall und ein Kind holt Hilfe.

a) Das eine Kind hat das andere geschubst und rennt weg.
b) Der Junge ist von Jugendlichen geschlagen worden, das andere Kind läuft aus Angst weg.
c) Das Kind rennt einem anderen hinterher, der dem Jungen wehgetan hat.
✓ Der Junge hatte einen Unfall und ein Kind holt Hilfe.

a) Das Mädchen lacht den Jungen aus, weil es seine Mütze albern findet.
b) Das Mädchen lacht über etwas, das es auf dem Pausenhof sieht.
c) Das Mädchen lacht, weil es dieselbe Mütze auch hat.
d) Der Junge hat einen Witz erzählt, über den das Mädchen lacht.

a) Das Mädchen lacht den Jungen aus, weil es seine Mütze albern findet.
b) Das Mädchen lacht über etwas, das es auf dem Pausenhof sieht.
c) Das Mädchen lacht, weil es dieselbe Mütze auch hat.
d) Der Junge hat einen Witz erzählt, über den das Mädchen lacht.

a) Das Mädchen lacht den Jungen aus, weil es seine Mütze albern findet.
b) Das Mädchen lacht über etwas, das es auf dem Pausenhof sieht.
c) Das Mädchen lacht, weil es dieselbe Mütze auch hat.
d) Der Junge hat einen Witz erzählt, über den das Mädchen lacht.

a) Das Mädchen lacht den Jungen aus, weil es seine Mütze albern findet.
✓ Das Mädchen lacht über etwas, das es auf dem Pausenhof sieht.
c) Das Mädchen lacht, weil es dieselbe Mütze auch hat.
d) Der Junge hat einen Witz erzählt, über den das Mädchen lacht.

© 2018, Vandenhoeck & Ruprecht GmbH & Co. KG, Theaterstraße 13, 37073 Göttingen
Janine Neuhaus: Training deeskalierenden Verhaltens in Konfliktsituationen. Ein primärpräventives Programm für Schulklassen ab Klasse 5.

a) Der Feueralarm ist angegangen und das Mädchen hat sich erschreckt.
b) Die Lehrerin ist erbost, weil die Pausenglocke zu früh läutet.
c) Die Lehrerin schimpft mit dem Mädchen, weil es während des Unterrichts mit dem Handy spielt.
d) Ein Mitschüler spielt dem Mädchen einen Streich und das Mädchen
   wird zu Unrecht beschuldigt.

a) Der Feueralarm ist angegangen und das Mädchen hat sich erschreckt.
b) Die Lehrerin ist erbost, weil die Pausenglocke zu früh läutet.
c) Die Lehrerin schimpft mit dem Mädchen, weil es während des Unterrichts mit dem Handy spielt.
d) Ein Mitschüler spielt dem Mädchen einen Streich und das Mädchen
   wird zu Unrecht beschuldigt.

a) Der Feueralarm ist angegangen und das Mädchen hat sich erschreckt.
b) Die Lehrerin ist erbost, weil die Pausenglocke zu früh läutet.
c) Die Lehrerin schimpft mit dem Mädchen, weil es während des Unterrichts mit dem Handy spielt.
d) Ein Mitschüler spielt dem Mädchen einen Streich und das Mädchen
   wird zu Unrecht beschuldigt.

a) Der Feueralarm ist angegangen und das Mädchen hat sich erschreckt.
b) Die Lehrerin ist erbost, weil die Pausenglocke zu früh läutet.
c) Die Lehrerin schimpft mit dem Mädchen, weil es während des Unterrichts mit dem Handy spielt.
✓ Ein Mitschüler spielt dem Mädchen einen Streich und das Mädchen
   wird zu Unrecht beschuldigt.

7.7 Übung B2b: Voreiliges Schlussfolgern (ab Klasse 9)
Trainingsmodul 2: Kognitionen

 Bildmaterial zur Übung B2b (Ansicht), für die Übung bitte die PDF-Datei im Download-Bereich im Vollbildmodus als Diashow verwenden.

Quelle: Arbeitsgruppe Neuropsychologie, Metakognitives Training, Universität Hamburg-Eppendorf, vgl. Moritz, S., Woodward, T. S., Metacognition Study Group (2018). Metakognitives Training für Psychose (MKT) (6. Aufl.). Hamburg: VanHam Campus Press. Kostenloser Download über www.uke.de/mct

Artikel: Eichner, C., Berna, F. (2016). Acceptance and Efficacy of Metacognitive Training (MCT) on Positive Symptoms and Delusions in Patients With Schizophrenia: A Meta-analysis Taking Into Account Important Moderators. Schizophrenia Bulletin, 42 (4), 952-962. doi: 10.1093/schbul/sbv225

Jelinek, L., Kolbeck, K., Moritz, S. (2016). Erkennen und modifizieren von Denkverzerrungen. Metakognitives Training bei Psychose und Depression. DNP – Der Neurologe & Psychiater, 17, 42-46.

Moritz, S., Andreou, C., Schneider, B. C., Wittekind, C. E., Menon, M., Balzan, R. P., Woodward, T. S. (2014). Sowing the seeds of doubt: a narrative review on metacognitive training in schizophrenia. Clinical Psychology Review, 34, 358-366.

Illustrationen:
»Kiosk«, »Garten«, »Kreuzung«, »Spielplatz«: Ximena Del Villar Derpsch; »Hunde/Boot«, »Tisch«: Benny-Kristin Fischer; »Nachbars Hund«: Janne Hottenrott

---

Liebe Schülerinnen und Schüler,
ihr seht jetzt gleich verschiedene Bilder. Bitte überlegt euch zu jedem Bild, was zu dieser Situation geführt hat:

Was könnte vorher passiert sein?

Was ist hier passiert?

a) Polizeihunde vereiteln den Diebstahl eines Boots.
b) Das Mädchen fällt ins Wasser, weil die Hunde eine Katze gejagt haben.
c) Das Mädchen will die Katze retten, die auf dem Boot treibt.
d) Das Mädchen flüchtet sich vor den Hunden ins Wasser.

Was ist hier passiert?

a) Polizeihunde vereiteln den Diebstahl eines Boots.
b) Das Mädchen fällt ins Wasser, weil die Hunde eine Katze gejagt haben.
c) Das Mädchen will die Katze retten, die auf dem Boot treibt.
d) Das Mädchen flüchtet sich vor den Hunden ins Wasser.

Was ist hier passiert?

a) Polizeihunde vereiteln den Diebstahl eines Boots.
b) Das Mädchen fällt ins Wasser, weil die Hunde eine Katze gejagt haben.
c) Das Mädchen will die Katze retten, die auf dem Boot treibt.
d) Das Mädchen flüchtet sich vor den Hunden ins Wasser.

Was ist hier passiert?

a) Polizeihunde vereiteln den Diebstahl eines Boots.
√ Das Mädchen fällt ins Wasser, weil die Hunde eine Katze gejagt haben.
c) Das Mädchen will die Katze retten, die auf dem Boot treibt.
d) Das Mädchen flüchtet sich vor den Hunden ins Wasser.

Was ist hier passiert?

Was ist hier passiert?

a) Der Junge ist einem Mann zur Hilfe geeilt, der gerade ausgeraubt wurde.
b) Der Junge hilft einem betrunkenen Mann.
c) Der Junge hat aus Versehen mit einem Tisch den Mann am Kopf getroffen.
d) Zwei alte Bekannte treffen sich auf der Straße.

Was ist hier passiert?

a) Der Junge ist einem Mann zur Hilfe geeilt, der gerade ausgeraubt wurde.
b) Der Junge hilft einem betrunkenen Mann.
c) Der Junge hat aus Versehen mit einem Tisch den Mann am Kopf getroffen.
d) Zwei alte Bekannte treffen sich auf der Straße.

Was ist hier passiert?

a) Der Junge ist einem Mann zur Hilfe geeilt, der gerade ausgeraubt wurde.
b) Der Junge hilft einem betrunkenen Mann.
c) Der Junge hat aus Versehen mit einem Tisch den Mann am Kopf getroffen.
d) Zwei alte Bekannte treffen sich auf der Straße.

Was ist hier passiert?

a) Der Junge ist einem Mann zur Hilfe geeilt, der gerade ausgeraubt wurde.
b) Der Junge hilft einem betrunkenen Mann.
✓ Der Junge hat aus Versehen mit einem Tisch den Mann am Kopf getroffen.
d) Zwei alte Bekannte treffen sich auf der Straße.

Was ist hier passiert?

Was ist hier passiert?

a) Der Mann hat gerade einen Zaun für seinen Hund gebaut.
b) Der Mann spielt mit dem bellenden Hund des Nachbarn.
c) Der Mann ist gerade vor einem bellenden Hund geflohen.
d) Der Mann kauft einen Wachhund.

Was ist hier passiert?

a) Der Mann hat gerade einen Zaun für seinen Hund gebaut.
b) Der Mann spielt mit dem bellenden Hund des Nachbarn.
c) Der Mann ist gerade vor einem bellenden Hund geflohen.
d) Der Mann kauft einen Wachhund.

Was ist hier passiert?

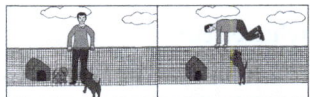

a) Der Mann hat gerade einen Zaun für seiner Hund gebaut.
b) Der Mann spielt mit dem bellenden Hund des Nachbarn.
c) Der Mann ist gerade vor einem bellenden Hund geflohen.
d) Der Mann kauft einen Wachhund.

Was ist hier passiert?

a) Der Mann hat gerade einen Zaun für seinen Hund gebaut.
b) Der Mann spielt mit dem bellenden Hund des Nachbarn.
√ Der Mann ist gerade vor einem bellenden Hund geflohen.
d) Der Mann kauft einen Wachhund.

Janine Neuhaus: Training deeskalierenden Verhaltens in Konfliktsituationen. Ein primärpräventives Programm für Schulklassen ab Klasse 5.

Wenn ich mich beleidigt, ausgelacht oder bedroht fühle, stelle ich mir in dieser Situation drei Fragen:
1. **Was sind die Beweise?**
   Woher weiß ich das? Echte Beweise, Hörensagen, Vermutungen? Kenne ich die ganze Wahrheit?
2. **Gibt es andere Sichtweisen?**
   Würden meine Freundinnen oder Freunde die Situation vielleicht anders verstehen? Habe ich dem oder der anderen eine Möglichkeit gegeben, die Situation zu erklären? Bin ich fair?
3. **Selbst wenn ich recht habe – überreagiere ich?**
   Was würde passieren, wenn ich einlenke; wenn ich versuche, die Situation in Ruhe zu klären, vielleicht mithilfe meiner Lehrkraft, wäre das nicht viel besser?

Wenn ich mich beleidigt, ausgelacht oder bedroht fühle, stelle ich mir in dieser Situation drei Fragen:
1. **Was sind die Beweise?**
   Woher weiß ich das? Echte Beweise, Hörensagen, Vermutungen? Kenne ich die ganze Wahrheit?
2. **Gibt es andere Sichtweisen?**
   Würden meine Freundinnen oder Freunde die Situation vielleicht anders verstehen? Habe ich dem oder der anderen eine Möglichkeit gegeben, die Situation zu erklären? Bin ich fair?
3. **Selbst wenn ich recht habe – überreagiere ich?**
   Was würde passieren, wenn ich einlenke; wenn ich versuche, die Situation in Ruhe zu klären, vielleicht mithilfe meiner Lehrkraft, wäre das nicht viel besser?

Wenn ich mich beleidigt, ausgelacht oder bedroht fühle, stelle ich mir in dieser Situation drei Fragen:
1. **Was sind die Beweise?**
   Woher weiß ich das? Echte Beweise, Hörensagen, Vermutungen? Kenne ich die ganze Wahrheit?
2. **Gibt es andere Sichtweisen?**
   Würden meine Freundinnen oder Freunde die Situation vielleicht anders verstehen? Habe ich dem oder der anderen eine Möglichkeit gegeben, die Situation zu erklären? Bin ich fair?
3. **Selbst wenn ich recht habe – überreagiere ich?**
   Was würde passieren, wenn ich einlenke; wenn ich versuche, die Situation in Ruhe zu klären, vielleicht mithilfe meiner Lehrkraft, wäre das nicht viel besser?

Wenn ich mich beleidigt, ausgelacht oder bedroht fühle, stelle ich mir in dieser Situation drei Fragen:
1. **Was sind die Beweise?**
   Woher weiß ich das? Echte Beweise, Hörensagen, Vermutungen? Kenne ich die ganze Wahrheit?
2. **Gibt es andere Sichtweisen?**
   Würden meine Freundinnen oder Freunde die Situation vielleicht anders verstehen? Habe ich dem oder der anderen eine Möglichkeit gegeben, die Situation zu erklären? Bin ich fair?
3. **Selbst wenn ich recht habe – überreagiere ich?**
   Was würde passieren, wenn ich einlenke; wenn ich versuche, die Situation in Ruhe zu klären, vielleicht mithilfe meiner Lehrkraft, wäre das nicht viel besser?

Wenn ich mich beleidigt, ausgelacht oder bedroht fühle, stelle ich mir in dieser Situation drei Fragen:
1. **Was sind die Beweise?**
   Woher weiß ich das? Echte Beweise, Hörensagen, Vermutungen? Kenne ich die ganze Wahrheit?
2. **Gibt es andere Sichtweisen?**
   Würden meine Freundinnen oder Freunde die Situation vielleicht anders verstehen? Habe ich dem oder der anderen eine Möglichkeit gegeben, die Situation zu erklären? Bin ich fair?
3. **Selbst wenn ich recht habe – überreagiere ich?**
   Was würde passieren, wenn ich einlenke; wenn ich versuche, die Situation in Ruhe zu klären, vielleicht mithilfe meiner Lehrkraft, wäre das nicht viel besser?

Wenn ich mich beleidigt, ausgelacht oder bedroht fühle, stelle ich mir in dieser Situation drei Fragen:
1. **Was sind die Beweise?**
   Woher weiß ich das? Echte Beweise, Hörensagen, Vermutungen? Kenne ich die ganze Wahrheit?
2. **Gibt es andere Sichtweisen?**
   Würden meine Freundinnen oder Freunde die Situation vielleicht anders verstehen? Habe ich dem oder der anderen eine Möglichkeit gegeben, die Situation zu erklären? Bin ich fair?
3. **Selbst wenn ich recht habe – überreagiere ich?**
   Was würde passieren, wenn ich einlenke; wenn ich versuche, die Situation in Ruhe zu klären, vielleicht mithilfe meiner Lehrkraft, wäre das nicht viel besser?

Entnommen aus (Variante A): Silbereisen, R. K., Weichold, K. (2014). Suchtprävention in der Schule. IPSY – Ein Lebenskompetenzprogramm für die Klassenstufen 5–7, S. 110/111. Göttingen: Hogrefe. ISBN: 9783801721299

Rollenkärtchen bitte kopieren, ausschneiden und nach Variante A und Variante B (nachfolgende Seite) getrennt aufbewahren.

Variante A (»Fritz lässt sich überreden«)

Fritz: Anna hat die Idee Fahrradfahren zu gehen. Sie fragt dich, ob du mitkommen möchtest. Eigentlich hast du aber noch einen Berg Hausaufgaben zu erledigen. Diese Aufgaben sind wichtig, weil du in der letzten Mathearbeit schon eine Fünf hattest. Deshalb musst du sie unbedingt erledigen, da du dich in der nächsten Kontrolle verbessern möchtest. Außerdem hat dir deine Mutter auch noch eine Aufgabe erteilt, die du für sie machen sollst. Du möchtest aber viel lieber mit zum Radfahren gehen, weil du Angst hast, dass dich die anderen auslachen und nicht mehr in ihrer Gruppe haben wollen, wenn du kneifst. Letztendlich lässt du dich von deinen Freunden zum Fahrradfahren überreden.

Anna: Du willst Fritz auf jeden Fall zum Radfahren überreden. Dazu nutzt du alle Möglichkeiten, die dir zur Verfügung stehen, um zu erreichen, dass Fritz mitkommt.

Lisa: Du möchtest, dass Fritz den Nachmittag mit euch verbringt. Du bietest ihm an, dass er die Aufgaben am nächsten Tag von dir abschreiben darf, wenn er mitkommt und suchst einige Möglichkeiten, die Fritz helfen, ohne dass er zuhause Ärger bekommt.

Max: Du willst, dass Fritz euch zum Radfahren begleitet. Du versuchst ihn damit zu überreden, dass er eine Memme ist, wenn er wegen der Aufgaben, die ihn zuhause erwarten, nicht mitkommt. Außerdem sagst du ihm, dass er, wenn er nicht mit Rad fährt, nicht mehr zu eurer Gruppe gehören darf.

Variante B (»Fritz lässt sich nicht überreden«)

Fritz: Anna hat die Idee Fahrradfahren zu gehen. Sie fragt dich, ob du mitkommen möchtest. Eigentlich hast du aber noch einen Berg Hausaufgaben zu erledigen. Diese Aufgaben sind wichtig, weil du in der letzten Mathearbeit schon eine Fünf hattest. Deshalb musst du sie unbedingt erledigen, da du dich in der nächsten Kontrolle verbessern möchtest. Außerdem hat dir deine Mutter auch noch eine Aufgabe erteilt, die du für sie machen sollst. Du möchtest aber viel lieber mit zum Radfahren gehen, weil du Angst hast, dass dich die anderen auslachen und nicht mehr in ihrer Gruppe haben wollen, wenn du kneifst. Trotz deiner Bedenken und dem Zureden deiner Freunde lässt du dich nicht zum Fahrradfahren überreden, sondern gehst nach Hause.

Anna: Du willst Fritz auf jeden Fall zum Radfahren überreden. Dazu nutzt du alle Möglichkeiten, die dir zur Verfügung stehen, um zu erreichen, dass Fritz mitkommt.

Lisa: Du möchtest, dass Fritz den Nachmittag mit euch verbringt. Du bietest ihm an, dass er die Aufgaben am nächsten Tag von dir abschreiben darf, wenn er mitkommt und suchst einige Möglichkeiten, die Fritz helfen, ohne dass er zuhause Ärger bekommt.

Max: Du willst, dass Fritz euch zum Radfahren begleitet. Du versuchst ihn damit zu überreden, dass er eine Memme ist, wenn er wegen der Aufgaben, die ihn zuhause erwarten, nicht mitkommt. Außerdem sagst du ihm, dass er, wenn er nicht mit Rad fährt, nicht mehr zu eurer Gruppe gehören darf.

© 2018, Vandenhoeck & Ruprecht GmbH & Co. KG, Theaterstraße 13, 37073 Göttingen
Janine Neuhaus: Training deeskalierenden Verhaltens in Konfliktsituationen. Ein primärpräventives Programm für Schulklassen ab Klasse 5.

Aufgabe: Beobachte das Rollenspiel genau und notiere dir Stichpunkte zu deinen Beobachtungen und Gedanken.

Fahrradtour am Nachmittag		
Fragen	Rollenspiel 1	Rollenspiel 2
Was ist dir besonders aufgefallen? Wie wirkt die Situation auf dich?		
Wie haben Anna, Lisa und Max ihren Freund Fritz überredet oder versucht ihn zu überreden?		
Wie hat sich Fritz verhalten?		
Was denkst du, wie hat Fritz sich gefühlt?		
Was hättest du an Fritz' Stelle getan?		

Aufgabe: Lies die Situationen durch und überlege, wie du darauf antworten könntest. Versuche »Ich-Botschaften« zu vermitteln (z. B. Ich finde, dass …; Ich fühle dabei …; Ich verstehe, dass …; Mir ist wichtig, dass …; Mir geht es dabei … etc.) und Formulierungen zu finden, die dazu beitragen, dass der Konflikt gelöst wird.

Situation	Deine Antwort (Ich-Botschaften!)
Ein Mitschüler kommt auf dich in der Pause zu und sagt: »Hey, lass mich mal deine Hausaufgaben abschreiben.« Du hast viel Arbeit mit deinen Hausaufgaben gehabt und möchtest ihn nicht einfach abschreiben lassen.	
Eine Klassenkameradin kommt zu dir und flüstert dir ins Ohr: »Hast du Lilli heute gesehen? Die ist doch viel zu fett für diese enge Jeans.« Du findest es nicht richtig, dass jemand so über Lilli spricht.	
Du bist auf einer Party und ein Freund kommt zu dir und sagt: »Komm, nimm doch mal einen Zug von der Zigarette. Es wird dich schon nicht umbringen.« Du möchtest aber nicht das Rauchen ausprobieren.	

Übung C1c : Postkartenbilder (Dauer: 20 Minuten)

Ziel: Vorstellung und Motivation der Schülerinnen und Schüler

Vorbereitung und Material: Eine Vielzahl an Postkarten mit unterschiedlichen Motiven (z. B. kostenlose Werbekarten)

Sitzordnung: kleiner Stuhlkreis (guter Blick auf Postkarten)

Optimale Gruppengröße: 5 bis 15 Schülerinnen und Schüler (Kleingruppe)

Praktisches Vorgehen für den Übungsleiter/die Übungsleiterin:

Verteilen Sie die Postkarten in der Mitte des Stuhlkreises. Bitten Sie die Schülerinnen und Schüler, sich die Karten alle anzusehen, diese aber noch nicht aufzuheben. Fordern Sie nun die Schülerinnen und Schüler auf, sich reihum mit ihrem Namen vorzustellen, sich dann diejenige Karte herauszugreifen, die am besten zu ihnen passt und ihre Wahl kurz zu erläutern (z. B. »Ich habe diese Karte gewählt, weil darauf ein Fahrrad ist und ich sehr gern in meiner Freizeit Fahrrad fahre.«). Machen Sie den Anfang, indem Sie als erste Person eine Postkarte auswählen und Ihre Auswahl begründen.

Jahnke Neuhaus: Training deeskalierenden Verhaltens in Konfliktsituationen. Ein primärpräventives Programm für Schulklassen ab Klasse 5.

7.13.1 Rollenspielsituationen im schulischen Alltag (Provokationen)

Situation A (Schule)

Du verbringst die Pause gemeinsam mit deinen Freunden auf dem Schulhof und ihr bewerft euch aus Spaß mit Schneebällen. Aus Versehen triffst du mit deinem Ball eine deiner Mitschülerinnen mitten ins Gesicht, die in einer Gruppe am Rand des Hofes steht und sich mit ihren Freundinnen unterhält. Diese ist sichtlich verärgert und kommt wütend auf dich zugelaufen.

Lösung

- Was fühlst du? → Angst (vielleicht auch Wut, Ärger)
- Wie ist die Situation zu verstehen? → Das Mädchen hat gedacht, es wäre Absicht. Es ist ein Missverständnis. Die Situation kann leicht eskalieren.
- Was tust du? → Richtige Lösung: Ruhig bleiben, durch angemessene Selbstbehauptung Situation aufklären (»Bitte beruhige dich. Ich verstehe, dass du wütend bist, aber das war keine Absicht. Wir haben nur gespielt. Ich passe jetzt besser auf.«), Rückzug antreten (»Tut mir leid, war keine Absicht« und dabei zurückziehen).

Situation B (Schule)

Es ist Pause und du sitzt auf deinem Platz, um deine Hausaufgaben noch fertig zu machen. Um dich herum ist großer Trubel, alle laufen wild durch die Gegend. Plötzlich merkst du, wie jemand gegen deinen Tisch rempelt und deine Federtasche runterfällt. Du schaust auf und siehst einen deiner Klassenkameraden einfach weiterlaufen.

Lösung

- Was fühlst du? → im ersten Moment: Wut, Ärger
- Wie ist die Situation zu verstehen? → Es könnte Absicht gewesen sein, aber vielleicht ist der Klassenkamerad auch aus Versehen an den Tisch gestoßen (keine eindeutige Gefahr oder Bedrohung).
- Was tust du? → Richtige Lösung: Ruhig bleiben, einfach ignorieren oder durch angemessene Selbstbehauptung Situation aufklären (»Hey Max, du hast gerade meine Federtasche runtergeworfen. Kannst du sie mir bitte geben?«).

Situation C (Nachbarschaft)

Du spielst gemeinsam mit Freunden gegen ein paar benachbarte Jugendliche Fußball. Du bist gereizt, weil das Spiel nicht besonders gut für dich läuft. Dann ruft dir auch noch einer deiner Gegenspieler zu, wie unterirdisch schlecht du spielst.

Lösung

– Was fühlst du? → Wut, Ärger
– Wie ist die Situation zu verstehen? → Ärger über eigenes schlechtes Spiel, aber auch Ärger über die Sprüche der anderen.
– Was tust du? → Ruhig bleiben. Durchatmen. Entweder ignorieren oder durch angemessene Selbstbehauptung die Situation aufklären (»Es ärgert mich, wenn du so was zu mir sagst. Ich weiß, dass ich schon mal besser gespielt habe, aber heute ist eben nicht mein Tag. Also höre bitte auf, mir das zu sagen.«).

Situation D (Schule)

Die Pausenklingel hat geläutet und alle rennen auf den Flur. Plötzlich kommt eine deiner Klassenkameradinnen zu dir, stößt dir in die Rippen und sagt »Na du Pfeife! Du hast heute beim Sport ja mal wieder total versagt!«.

Lösung

– Was fühlst du? → im ersten Moment: Wut, Ärger
– Wie ist die Situation zu verstehen? → Sie will mich ärgern. Vielleicht will sie aber auch nur einen Scherz machen, der nicht gelungen ist (keine eindeutige Gefahr oder Bedrohung).
– Was tust du? → Richtige Lösung: Ruhig bleiben, entweder das Verhalten ignorieren oder durch angemessene Selbstbehauptung Situation aufklären (»Ich finde es nicht witzig, wenn du so etwas sagst. Ich möchte, dass du ab jetzt damit aufhörst.«).

7.13.2 Rollenspielsituationen im öffentlichen Raum (Bedrohung)

Situation E (Öffentlichkeit)

Endlich ist in der S-Bahn ein Sitzplatz frei geworden. Du möchtest dich gerade hinsetzen, als dich ein anderer Fahrgast beiseitedrängt und sich auf den Platz setzt.

Lösung

– Was fühlst du? → Ärger, Wut
– Wie ist die Situation zu verstehen? → Mehrdeutig. Es muss nicht mir gegenüber böse gemeint sein. Vielleicht hatte der andere einfach einen schlechten Tag. Etc.
– Was tust du? → Ruhig bleiben. Ihm den Sitzplatz überlassen gegebenenfalls mit angemessener Selbstbehauptung kombiniert (Wie: »Ich bin auch müde und möchte sitzen, aber ich überlasse Ihnen den Sitz, denn ich möchte mich deshalb nicht streiten.«).

Situation F (Öffentlichkeit)

Du bist auf dem Weg nach Hause und wirst auf der Straße von zwei Jugendlichen angesprochen. Sie wollen, dass du ihnen dein Geld und dein Handy gibst. Einer der beiden hält die Hand unter seiner Jacke versteckt und ohne, dass du es genau weißt, ahnst du, dass dort ein Messer sein könnte.

Lösung

– Was fühlst du? → Bedrohung, Angst
– Wie ist die Situation zu verstehen? → Die Situation ist eindeutig feindselig und gefährlich. Die Jugendlichen wollen mir nichts Gutes, ich bin in Gefahr.
– Was tust du? → Nachgeben. Geld und Handy hergeben, danach die Polizei informieren.

Situation G (Öffentlichkeit)

Du stehst allein am U-Bahnhof, als plötzlich eine Jugendliche kommt und dich mit einem Messer bedroht. Sie sagt, dass sie dich in Ruhe lässt, wenn du ihr dein Geld gibst.

Lösung

– Was fühlst du? → Bedrohung, Angst
– Wie ist die Situation zu verstehen? → Die Situation ist eindeutig feindselig und gefährlich. Die Jugendlichen wollen mir nichts Gutes, ich bin in Gefahr.
– Was tust du? → Nachgeben. Das Geld geben. Danach die Polizei informieren.

7.13.3 Rollenspielsituationen zum Hilfeverhalten

Situation H (Öffentlichkeit, Hilfeverhalten)

Auf dem Weg zur Schule läufst du durch einen einsamen Park. Als du an einem Spielplatz vorbeikommst, siehst du, wie eine Gruppe von Jugendlichen um ein Mädchen herum steht und auf es einprügelt, während ein anderer das Geschehen filmt.

Lösung

- Was fühlst du? → Angst, Sorge
- Wie ist die Situation zu verstehen? → Das Mädchen ist in Gefahr, die Situation ist gefährlich, ich muss helfen, ohne mich in Gefahr zu bringen.
- Was tust du? → Du sprichst die Herumstehenden an, zu helfen. Du rufst die Polizei an. Du informierst die Polizei über die Filmaufnahme.

Situation I (Öffentlichkeit, Hilfeverhalten)

Du wartest gerade auf deinen Bus und bemerkst, wie auf der anderen Straßenseite vier Jungen stehen und sich lautstark streiten. Einer der Jugendlichen weicht immer weiter zurück, offenbar wird er von den anderen Jugendlichen bedroht.

Lösung

- Was fühlst du? → Angst, Sorge
- Wie ist die Situation zu verstehen? → Der Junge ist in Not, die Situation ist gefährlich.
- Was tust du? → Richtige Lösung: »Opferklau« (Du rufst den Jungen, der bedroht wird und sagst, er soll doch mal rüberkommen.) oder Herumstehende ansprechen, damit sie helfen. Die Polizei rufen.

7.14 Übung D3, D4: Arbeitsblatt »Angemessene Reaktionen in Konflikten«
Trainingsmodul 4: Wiederholung und Vertiefung

Aufgabe 1: Lies die nachfolgenden Methoden durch, die dir dabei helfen können, ruhig zu bleiben, wenn du merkst, dass du wütend bist. Welche von den genannten Methoden kennst du bereits? Welche Methoden fallen dir selbst ein, die in solchen Situationen beruhigend auf dich wirken? Ergänze das Arbeitsblatt.

Wenn ich wütend bin ...
– atme ich erst einmal tief durch.
– zähle ich innerlich bis fünf, bevor ich reagiere.
– sage ich mir selbst: »Ich bleibe jetzt ruhig.«
– spreche ich mein Gefühl aus und »denke« laut: »Ich merke, dass mich das wütend macht, aber vielleicht verstehe ich die Situation auch falsch. Lass uns darüber in Ruhe reden.«

– überlege ich, was es eigentlich genau ist, was mich gerade wütend macht und ob es nicht sein kann, dass die andere Person daran gar keine Schuld hat.
– versuche ich, mich in die andere Person hineinzuversetzen und mir vorzustellen, wie sie die Situation wahrnimmt.

Weitere Methoden, die mich beruhigen, sind:

_____

_____

_____

_____

Aufgabe 2: Lies die nachfolgenden Situationen und »Du-Sätze« durch. Formuliere stattdessen eine bessere Reaktion, die eine »Ich-Botschaft« vermittelt und schreibe diese in das rechte Feld.

Situation	Besser wäre, wenn er/sie gesagt hätte: »Ich ...«
Jan hat Michael am Tag zuvor, als sie verabredet waren, versetzt. Jan sagt zu Michael: »Du bist total bescheuert, mich da einfach stehenzulassen.«	
Mila und Murat sollen ein Referat zusammen vorbereiten, aber die ganze Arbeit bleibt an Murat hängen. Murat sagt: »Du spinnst wohl! Das nächste Mal kannst du dir einen anderen Idioten dafür suchen.«	
Als Maria auf den Pausenhof kommt, zeigt Annika auf Marias neue Frisur, flüstert den anderen in der Gruppe etwas zu und lacht. Maria schreit daraufhin: »Guckt mal lieber selber in den Spiegel, ihr bekloppten Tussis.«	

8 Übersicht: Alle Module und Übungen

Trainings-modul	Übung	Dauer (ca.)	Material	Seite
Emotionen (circa 90 min)	A1: Einführung	15 min	keines	27
	A2a: Gefühlspantomime oder	25 min	Gefühlskarten, Flipchart oder Tafel, ggf. kleiner Ball	28
	A2b: Gesichtsausdrücke erkennen	20 min	Arbeitsblatt mit Gefühlsbildern	29
	A3: Emotional aufgeladene Situationen	25 min	Arbeitsblatt »Emotional aufgeladene Situationen«	30
	A4a: Letztens im Wald und/oder	15 min	Arbeitsblatt »Perspektivenwechsel«, Geschichte »Letztens im Wald«	31
	A4b: Gesagt-Gehört-Gemalt	25 min	Postkarten, Kunstdrucke o. Ä.	31
Kognitionen (circa 90 min)	B1: Wahrnehmung	10 min	PDF-Datei Übung B1	33
	B2a: Voreiliges Schluss-folgern (ab Klasse 5) oder	25 min	PDF-Datei Übung B2a, Regelkärtchen	34
	B2b: Voreiliges Schluss-folgern (ab Klasse 9)	25 min	PDF-Datei Übung B2b, Regelkärtchen	34
	B3: Sich selbst behaupten: »Ja-Nein«	10 min	keines	37
	B4a: Rollenspiel Grup-pendruck »Rad oder nicht Rad« und/oder	30 min	Rollenspielkärtchen (Variante A und B); Arbeitsblatt für die zuschauenden Schü-lerinnen und Schüler	38
	B4b: Ich-Botschaften	15 min.	Arbeitsblatt »Ich-Botschaften«	39
Handlung (circa 180 min)	C1a: Wer bin ich?	20 min	Tafel und Kreide oder Flipchart und Stift	41
	C1b: Wer seid ihr?	5 min	keines	42
	C2: Gewaltformen	15 min	Tafel und Kreide oder Flipchart und Stift	44
	C3: Gewaltspirale	30 min	Tafel und Kreide oder Flipchart und Stift; selbst gewählte Situationsbeschreibung	45
	C4: Verhaltenstipps und Rollenspiele	90 min	Rollenspielsituationen (selbstgewählt)	48
	C5: Zentrale Botschaften	15 min	Stift und Zettel	50

Trainings-modul	Übung	Dauer (ca.)	Material	Seite
Wieder-holung und Vertiefung (circa 90 min)	D1: Überprüfung des Gelernten	20 min	keines	51
	D2: Verhalten in sozial herausfordernden Situationen	25 min	PDF-Datei aus Trainingsmodul 3, Übungen C3/C4	52
	D3: Selbstregulations-techniken	10 min	Arbeitsblatt »Angemessene Reaktionen in Konflikten«, Aufgabe 1	53
	D4: Ich-Botschaften in Konflikten	10 min	Arbeitsblatt »Angemessene Reaktionen in Konflikten«, Aufgabe 2	54
	D5: Klassenregeln	25 min	Flipchart, Stift, Notizen, zentrale Bot-schaften (Trainingsmodul 3) bereithalten	55

Das Download-Material zu diesem Buch finden Sie unter:
www.vandenhoeck-ruprecht-verlage.de/
deeskalierendes-verhalten-in-konfliktsituationen

Code für Download-Material:
5C96YKLV